FUSSBALL

KONDITIONSTRAINING

Schnelligkeit und Kraft

Thorsten Dargatz

FUSSBALL
KONDITIONSTRAINING
Schnelligkeit und Kraft

Mit praktischem Trainingsbegleiter

sportinform

Lektorat: Sonja Mildt

Produktion und Layout:
VerlagsService Dr. Helmut Neuberger
& Karl Schaumann GmbH

Umschlaggestaltung: Uwe Richter
Titelfoto: Bongarts

Abbildungen Innenteil:
Studio + Fachlabor Hesterbrink
(Fotograf: Ulrich Pölert)

Zeichnungen
(nach Vorlagen des Autors):
Günter Wiesler

Die Deutsche Bibliothek –
CIP-Einheitsaufnahme
Dargatz, Thorsten:
Fußball-Konditionstraining:
Schnelligkeit und Kraft;
mit praktischem Trainingsbegleiter/
Thorsten Dargatz.
– München: sportinform, 1995
(Praxis-Ratgeber Sport)
ISBN 3-8254-0422-6

Druck: Gerber + Bruckmann, München
Gesamtherstellung: Bruckmann,
München
Printed in Germany
ISBN 3-8254-0422-6

Der Autor

Thorsten Dargatz, Jahrgang 1964, absolvierte 1993 sein sportwissenschaftliches Diplom an der DSHS in Köln und arbeitete sowohl in der klinischen als auch in der ambulanten Rehabilitation. Er ist heute als freier Mitarbeiter mehrerer gesundheitsorientierter Zeitschriften tätig und berät im Auftrag von Krankenkassen Firmen zum Thema »Ergonomie am Arbeitsplatz«. Zusätzlich arbeitet er im Bereich der Entwicklung medizinischer Trainingsgeräte. Hauptberuflich leitet er ein ambulantes Rehabilitationszentrum in Detmold.

Inhalt

Trainingsbegleiter

Zu diesem Buch

Kraft und Schnelligkeit haben leistungsentscheidende Bedeutung für jeden Fußballer.

Was zeichnet einen guten Fußballspieler aus? Eine gute Technik, die richtige Ballbehandlung, Spielverständnis und die Fähigkeit, diese Komponenten über ein gesamtes Spiel hinweg anzuwenden. Damit sind wir beim Thema dieses Buches. Die beste Balltechnik nützt keinem Spieler etwas, wenn er sie aufgrund konditioneller Mängel nicht vernünftig einsetzen kann. In diesem Buch geht es um die Vermittlung der konditionellen Teilaspekte »Kraft und Schnelligkeit«. Aufgrund meiner eigenen Erfahrung, die ich beim Training mit Spielern gemacht habe, bin ich mir der Tatsache bewußt, daß ein Fußballspieler sein gesamtes Trainingsprogramm am liebsten mit dem Ball absolvieren würde. Wer jedoch seine Leistungsfähigkeit und damit sein spielerisches Potential erhöhen möchte, kann auf spezielle Trainingsformen nicht verzichten, wobei ein Grundsatz nicht vergessen werden darf: Je weniger ein Fußballspieler trainiert, desto wichtiger ist ein Training mit dem Ball. In diesem Zusammenhang möchte ich auch die Eigeninitiative von Spielern ansprechen. In den unteren Klassen werden manchmal nur zwei Trainingseinheiten in der Woche trainiert. Da bei diesem geringen Trainingsaufwand kein spezielles Konditionstraining durchgeführt werden kann, liegt es an den Spielern, selbständig weitere Trainingseinheiten durchzuführen. Dieses Buch soll sowohl Trainern als auch Spielern helfen, die richtigen Trainingsformen zur Verbesserung der konditionellen Grundeigenschaften »Kraft und Schnelligkeit« anzuwenden.

Die physiologischen Grundlagen der Kraft

Die Kraft stellt eine komplexe konditionelle Fähigkeit dar.

Neben den trainingspraktischen Informationen, die ich in diesem Buch zu den Bereichen Kraft und Schnelligkeit geben möchte, sind einige physiologische Grundlagen von entscheidender Bedeutung für das Verständnis dafür, daß die Durchführung von regelmäßigen Konditionstrainingseinheiten unbedingt notwendig ist. Der Mensch benötigt Kraft einerseits, um sich fortbewegen zu können, andererseits, um sich mit den auf ihn einwirkenden Kräften auseinanderzusetzen.

Bei der **Krafterzeugung** handelt es sich um Muskelkontraktionen, die durch elektrische Impulse ausgelöst werden. Dabei wird zwischen inneren Kräften (in und an Muskeln, Sehnen, Bändern, Knorpeln und Knochen) und äußeren Kräften (Schwerkraft, Trägheitskräfte, Reibungskräfte oder Kräfte des Gegners) unterschieden. **Kraft** stellt eine komplexe konditionelle Fähigkeit dar, mit deren Hilfe Widerstände überwunden oder äußeren Kräften entgegengewirkt werden kann. Es wird zwischen *Maximalkraft, Schnellkraft und Kraftausdauer* unterschieden.

Folgende Faktoren sind an der Entwicklung der Kraft beteiligt:

Die Skelettmuskulatur

Die Tätigkeit der Skelettmuskulatur ist an die koordinierte Funktion des Nervensystems gebunden. Skelettmuskelfasern werden als Effektoren bezeichnet, die durch die Erregung von motorischen Nervenfasern zur Kontraktion gebracht werden. Die Zellkörper der motorischen Nervenzellen, die entscheiden, ob es zur Kontraktion kommt oder nicht, liegen im Rückenmark und werden als motorische Vorderhornzelle oder Motoneuron bezeichnet. Eine motorische Vorderhornzelle mit der dazugehörigen Nervenfaser (Neurit) und alle von ihr innervierten (versorgten) Skelettmuskelfasern bilden eine motorische Einheit. Das Verhältnis der Zahl der Nervenfasern zur Zahl der Skelettmuskelfasern wird als Innervationsverhältnis bezeichnet.

Die Erregungsübertragung an der motorischen Endplatte

Die motorische Endplatte ist eine Synapse, die das funktionell-anatomische Bindeglied zwischen motorischer Nervenfaser und Skelettmuskelfaser darstellt. An dieser Synapse kommt es zur Erregungsübertragung auf die Skelettmuskelfasern. Unterschieden wird zwischen ei-

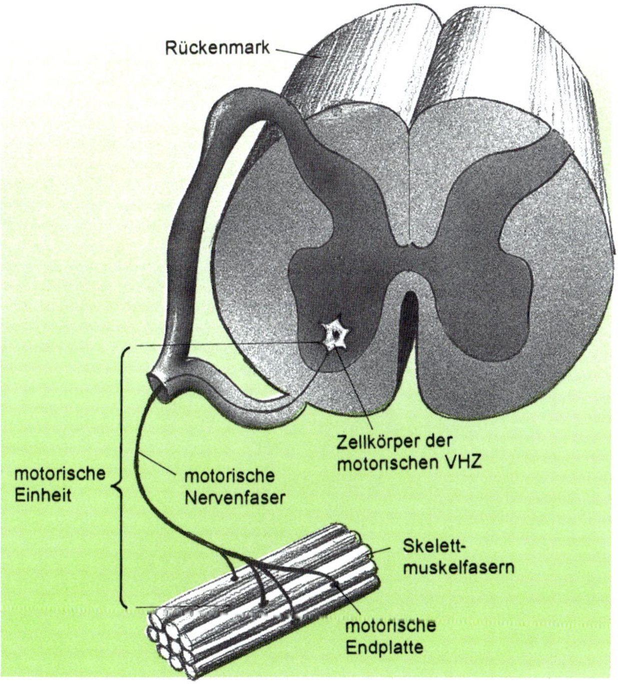

Darstellung einer motorischen Einheit, der kleinsten Funktionseinheit des neuromuskulären Systems für alle Bewegungsformen des Menschen.

ner präsynaptischen Membran, die als Endaufzweigung der motorischen Nervenfaser dient, und einer postsynaptischen Membran. Zwischen prä- und postsynaptischer Membran befindet sich ein Spalt, der durch Transmitter überbrückt werden muß. Kommt es zu einer Erregung, wird der Transmitterstoff Acetylcholin aus Vesikeln der präsynaptischen Membran freigesetzt. Die Menge, die freigesetzt wird, hängt von der Stärke der Erregung und von der vorhandenen Menge an Kalziumionen ab, da die Kalziumionen eine Art Starterfunktion übernehmen. Das Acetylcholin löst schließlich eine Depolarisation aus, die zur Erregung der Skelettmuskelfaser führt.

Der Aufbau der Skelettmuskelfaser

Der Muskel ist nach dem Enkapsisprinzip (immer größer werdende Einheiten) aufgebaut.

Skelettmuskeln bestehen aus Skelettmuskelfasern, die in Muskelfaserbündeln durch Bindegewebe voneinander getrennt sind. Innerhalb einer Muskelfaser liegen Hunderte kleinster Muskelfibrillen, die sich aus Sarko-

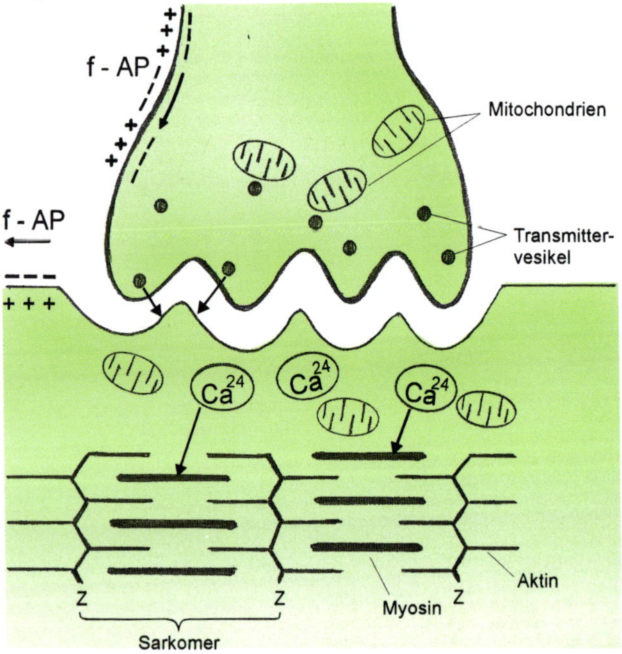

An der motorischen Endplatte kommt es zur Erregungsübertragung, die eine Muskelkontraktion auslöst.

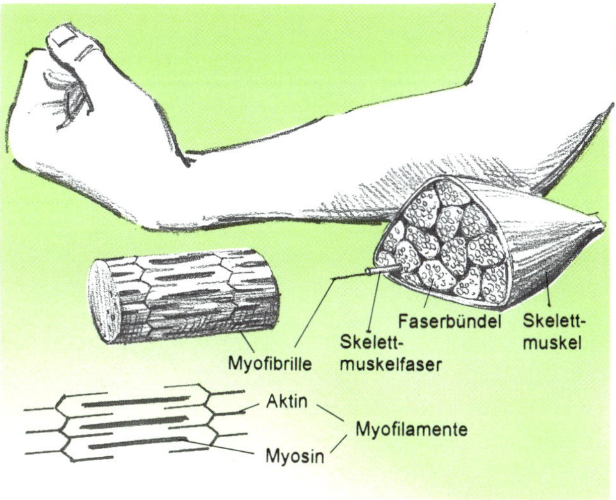

Aktin und Myosin sind aktiv an der Muskelkontraktion beteiligt und bilden das ATP.

meren zusammensetzen. In diesen Sarkomeren befindet sich der eigentliche Muskelmotor, die partiell angeordneten und ineinander verschränkten Proteine Aktin und Myosin.

Die Muskelkontraktion

Es gibt verschiedene Kontraktionsformen. Voraussetzung ist immer eine Erregung.

Damit es zur Muskelkontraktion kommt, laufen mehrere Prozesse schnell hintereinander ab. Durch eine Erregung wird ein Aktionspotential in die Tiefe der Faser geleitet. Das führt zur Freisetzung von Kalziumionen. Es kommt zur Querbrückenbildung zwischen Aktin und Myosin und damit zur Aktivierung und Energiefreisetzung von Myosin-ATPase.
Die Sarkomeren verkürzen sich und damit gleichzeitig die Skelettmuskelfaser. Anschließend kommt es zum aktiven Rücktransport von Kalziumionen und zur Erschlaffung der Skelettmuskelfaser.

Bei einem Skelettmuskel gibt es drei Kontraktionsformen:

- Isotonische Kontraktion
Hierbei kommt es zu einer Längenänderung des Muskels bei konstanter Last. Es handelt sich um eine Bewegung mit geringem Kraftaufwand.

- Isometrische Kontraktion

Es kommt hierbei zu einer Spannungsänderung der Muskulatur bei konstanter Länge. Diese Form der Kontraktion liegt bei statischen Bewegungsabläufen vor, um Gelenkstellungen zu fixieren.

- Auxotone Kontraktion

Hier tritt eine Längen- und Spannungsänderung der Muskulatur auf.

Wenn man die Bewegungsabläufe des Menschen analysiert, kommt es selten zu rein isotonen oder isometrischen Kontraktionen. Neben Längenänderungen treten meist Spannungsänderungen auf. Die meisten Bewegungsformen zeigen eine unterschiedliche Betonung der Kontraktionsformen. Ein Muskel erhöht isometrisch die Spannung, um eine Kraft zu überwinden. Erst dann setzt die eigentliche Verkürzung isoton bzw. auxoton ein.

In der Trainingspraxis hat sich für das Krafttraining der Begriff **»Arbeitsweise des Muskels«** durchgesetzt. Man unterscheidet *statische* (isometrische), *dynamische* (isotonische) und *gemischte* (auxotone) Arbeitsweisen. Zusätzlich werden noch *überwindende* (konzentrische) und *nachgebende* (exzentrische) Arbeitsweisen unterschieden.

Die motorische Einheit

Die motorische Einheit stellt die kleinste Funktionseinheit für alle Bewegungen des Menschen dar.

Die elementare Funktionsstruktur für alle Bewegungsformen des Menschen ist die motorische Einheit (siehe Abbildung Seite 11). Dabei handelt es sich um die kleinste Funktionseinheit des neuromuskulären Systems.

Sie besteht aus einer Vorderhornzelle, dem Motoneuron und den Muskelfasern, die diese innerviert (versorgt). Die Leistung oder die Kraft, die eine motorische Einheit entfalten kann, ist abhängig vom Innervationsverhältnis, von der Entladungsfrequenz des Motoneurons und von den physiologisch-mechanischen Eigenschaften der Muskelfaser. Während bei feinkoordinierten Bewegungen nur ein kleines Innervationsverhältnis erforderlich ist, weisen die kraftbetonten grobmotorischen Bewegungen der Extremitätenmuskeln ein großes Innervationsverhältnis auf.

Die motorischen Einheiten des Skelettmuskels lassen sich in zwei Typen gliedern:

- **Schnelle Einheiten** (auch FT-Einheiten genannt): FT steht für fast-twitch (schnell kontrahierend)
- **Langsame Einheiten** (auch ST-Einheiten genannt): ST steht für slow-twitch (langsam kontrahierend)

Trainingsmethodisch bedeutsam ist, daß auch die FT-Einheiten nochmals in FTG- und FTO-Einheiten untergliedert werden. FTG-Einheiten sind schnell ermüdbar und dienen vor allem der Erzeugung maximaler Kraftspitzen, die beim Beschleunigen und Abbremsen benötigt werden. FTO-Einheiten sind weniger schnell ermüdbar und werden rekrutiert, wenn mittlere Zugkräfte entwickelt werden müssen oder es darum geht, Bewegungen möglichst schnell zu korrigieren (im Fußball von entscheidender Bedeutung). Sie werden ebenfalls bei hohen Schnell- oder Maximalkraftleistungen beansprucht, können aber auch wegen ihrer Ermüdungsresistenz bei Kraftausdauerleistungen eingesetzt werden.
Beim Menschen lassen sich beide Fasertypen nachweisen. Die Verteilung der langsamen und schnellen Fasern ist annähernd gleich. Allerdings ist die Variationsbreite in verschiedenen Muskeln außergewöhnlich groß.
Die nachfolgende Tabelle zeigt den prozentualen Anteil an langsam reagierenden Fasern und deren Variationsbreite bei verschiedenen Muskeln:

Die Faserverteilung entscheidet über die spezielle Leistungsfähigkeit eines Spielers.

Muskel	**ST-Fasern**	**Variationsbreite**
Deltamuskel *(M. deltoideus)*	42,0	14–98
Oberarmuskel *(M. biceps brachii)*	48,4	27–54
Seitl. Schenkelstrecker *(M. vastus lateralis)*	52,2	13–96
Innerer Schenkelstrecker *(M. vastus medialis)*	42,0	26–63
Zwillingswadenmuskel *(M. gastrocnemius)*	49,4	13–98
Schollenmuskel *(M. soleus)*	80,0	64–100

Für diese Variationsbreite sind folgende Faktoren verantwortlich:

- Umwelteinflüsse in der frühen Kindheit, in der es entweder zu einer verstärkt motorischen oder einer mehr langsam dynamischen Belastung kam.
- Schäden am Bewegungsapparat durch Fehlbelastungen, die den isolierten Ausfall eines Fasertyps oder eine belastungsbedingte Transformation von ST-Fasern zu FT-Fasern zur Folge hatten.
- Pathologische Veränderungen im zentralen Nervensystem, die zu einer Veränderung des Ansteuerungsmusters an den motorischen Vorderhornzellen geführt haben. Dadurch kommt es zu einer Transformation von FT-Fasern zu ST-Fasern.

Es ist wichtig, zu wissen, daß grundlegende Veränderungen in der Verteilung der ST- und FT-Fasern nicht möglich sind.
Diese Differenzierung der Fasertypen ist aus trainingsmethodischer Sicht sehr bedeutsam, da die Reizschwelle der FT- und ST-Einheiten unterschiedlich ist. Um die schnell kontrahierenden motorischen Einheiten zu aktivieren, sind Reize mit hoher Intensität nötig. Reize mit geringer Intensität aktivieren nur die langsam kontrahierenden motorischen Einheiten.
Ein Training im unterschwelligen Bereich bleibt für die schnell kontrahierenden motorischen Fasern unwirksam. In bezug auf Kraft- und Schnelligkeitstraining ist demnach darauf zu achten, daß der Fußballer motorisch reizwirksame Trainingseinheiten absolviert. Die Unterschiede der Muskelfasern lassen sich wie folgt charakterisieren:

Spieler mit vielen FT-Einheiten haben günstige Voraussetzungen für gute Sprintleistungen.

FT-Einheiten	**ST-Einheiten**
hohe Spannungsentwicklung	geringe Spannungsentwicklung
hohe Kontraktionsgeschwindigkeit	niedrige Kontraktionsgeschwindigkeit
geringe Ermüdungsresistenz	hohe Ermüdungsresistenz

Intramuskuläre Mechanismen

Der Funktionszustand einer einzelnen motorischen Einheit entscheidet über den Anspannungsgrad eines Muskels. Der Anspannungsgrad wird von der Entladungsfrequenz des Motoneurons gesteuert. Je höher die Entladungsfrequenz, desto größer ist die Kraftentwicklung der Muskelfaser. Der maximale Anspannungsgrad kommt beim sogenannten Tetanus, der totalen Verkrampfung der Muskulatur, durch das Erreichen der Verschmelzungsfrequenz zustande. Bei schnellen motorischen Einheiten liegt die Verschmelzungsfrequenz höher als bei den langsamen.
Damit arbeitet jede motorische Einheit in einem bestimmten, der maximalen Entladungsfrequenz entsprechenden Kraftbereich. Wenn dieser Kraftbereich überschritten wird, kann es nur dann zu einer weiteren Kraftzunahme kommen, wenn zusätzliche motorische Einheiten aktiviert werden. Die Aktivierung neuer motorischer Einheiten wird als **Rekrutierung** bezeichnet. Der Grad der Rekrutierung ist begrenzt durch die maximale Zahl der vorhandenen motorischen Einheiten, die ein Muskel aufweist.
Selbst unter extremen Bedingungen können nie alle motorischen Einheiten rekrutiert werden. Die nicht rekrutierbaren motorischen Einheiten (etwa 10–15%) stellen die autonom geschützte Reserve dar.
Eine weitere Reserve stellt die **synchronisierte Tätigkeit** dar, die bei gleichzeitiger Aktivierung von motorischen Einheiten eines Muskels auftritt. Als Beispiel sei hier das beim Maximalkrafttraining häufig vorkommende Muskelzittern genannt. Es kommt durch die gleichzeitige, salvenartige Aktivierung einer großen Anzahl motorischer Einheiten zustande. Sowohl Rekrutierungs- als auch Synchronisationsprozesse sind durch Training erlernbar. Ein gut trainierter Sportler ist in der Lage, willentlich mehr motorische Einheiten zu aktivieren als ein Nichtsportler. Die intramuskulären Mechanismen haben vor allem in der Erhöhung des allgemeinen Kraftniveaus große Bedeutung.

Die Fähigkeit, viele motorische Einheiten gleichzeitig zu aktivieren, ist trainierbar.

Intermuskuläre Mechanismen

Von intermuskulärer Koordination spricht man, wenn es zu einem koordinierten Zusammenspiel aller an einer Bewegung beteiligten Muskeln kommt.

Im Trainingsprozeß ist darauf zu achten,

- daß besonders die Hauptmuskeln einer Übung aktiviert werden,
- daß ein optimales Verhältnis von Agonisten- und Antagonisten-Aktivierung vorliegt,
- daß ein optimales Verhältnis von Belastungs- und Erholungszeiten gewährleistet ist und
- daß es zu einer kurzzeitigen explosiven Aktivitätsentwicklung in entscheidenden Bewegungsphasen kommt.

Das Muskelwachstum

Die richtigen Trainingsreize bewirken den sportartspezifischen Muskelaufbau.

Wesentliche Faktoren, die das Muskelwachstum beeinflussen, sind:

- die Zunahme der Knochenlänge (Skelettwachstum),
- die Muskeldehnung, bedingt durch Wachstum, Training, Wechsel des Einsatzes von Agonist und Antagonist,
- neurotrophe Faktoren wie Training und Gewichtsbelastung und
- Hormone (Wachstumshormon, Thyroxin, Insulin, Testosteron).

Beim Muskelwachstum ist zwischen Längen- und Dickenwachstum zu unterscheiden. Beim **Längenwachstum** kommt es zu zahlenmäßigen Zunahmen von Sarkomeren (Funktionseinheiten der Muskelkontraktion), wodurch der Dehnungszustand eines jeden einzelnen Sarkomers verringert wird, was die Muskelspannung optimiert. Dieser Effekt kann auch durch ein Training erzielt werden. Beim **Dickenwachstum** kommt es zur Neubildung der Muskelproteine Aktin und Myosin. Sowohl die Zunahme von Sarkomeren als auch die neugebildeten Muskelproteine führen zu einem Kraftzuwachs.

Die Anpassung von FT- und ST-Fasern an Schnelligkeits- und Kraftbelastungen

Das Training stellt den spezifischen Reiz dar, der auf die jeweiligen Teilmengen an FT- und ST-Fasern wirken muß, um eine entsprechende Anpassung auszulösen. Die Faserverteilung im Skelettmuskel stellt die strukturelle Voraussetzung für die konditionellen Fähigkeiten Schnelligkeit und Ausdauer dar. Bei vorwiegender Rekrutierung von FT-Einheiten wird die Schnellkraft, bei Rekrutierung von ST-Einheiten die Kraftausdauer geschult. Es besteht ein enger Zusammenhang zwischen der FT-Faserverteilung und dem Ansprechen dieser Faser auf spezifische Trainingsbelastungen im Schnelligkeits- und Kraftbereich. Im Bereich der Kraftausdauer ist eine hohe FT-Faserausstattung und eine gleichzeitig maximale Entwicklung von FT- und ST-Fasern zu finden.

Die Reizstärke entscheidet darüber, welche Muskelfasereinheiten trainiert werden.

Schnellkraft stellt die Fähigkeit des neuromuskulären Systems dar, hohe Widerstände mit hohen Kontraktionen zu bewältigen.
Kraftausdauer ist gekennzeichnet durch eine hohe Ermüdungswiderstandsfähigkeit bei lang andauernden Kraftleistungen.
Beide Kraftformen sind von entscheidender Bedeutung für die Leistungsfähigkeit des Fußballspielers.

Wie bereits erwähnt, bedarf es einer hohen Reizstärke, um eine Reizantwort an den FT-Fasern auszulösen.

Die Kraft und ihre Bedeutung für den Fußballspieler

Das Krafttraining ist ein unverzichtbarer Bestandteil eines Leistungstrainings.

Die Schnellkraft ist die Kraftkomponente, die beim Fußballspielen am meisten gefordert ist. Während eines Fußballspiels kommt es sowohl zu beschleunigenden als auch zu abbremsenden Bewegungen.

- **Bei beschleunigenden Krafteinsätzen** (Sprünge, Schüsse, Antritte) spricht man auch von positiv dynamischer oder konzentrischer Arbeitsform.
- **Bei abbremsenden Krafteinsätzen** (Stops, Richtungswechsel) spricht man von negativ dynamischer oder exzentrischer Kraftform.

Es kommt im Laufe eines Spieles zu zahlreichen explosiven Bewegungen, die neben einer gut ausgeprägten Schnellkraft auch eine gut entwickelte Kraftausdauer vom Spieler verlangen. Nur Spieler, die über eine gut entwickelte Schnellkraft verfügen, können diese bei Sprüngen, Schüssen, Würfen und Antritten entsprechend umsetzen. In diesem Zusammenhang spielt die Maximalkraftfähigkeit eine entscheidende Rolle, da sie eng mit der Schnellkraftfähigkeit korreliert.

Nach Weineck erfüllt ein Krafttraining folgende wichtige Funktionen:

- Effektivierung bzw. Perfektionierung technisch-konditioneller Fähigkeiten, die der Spieler beim Rempeln, Tackeln und Dribbeln wirkungsvoll einsetzen kann.
- Allgemeine athletische Durchbildung im Sinne eines verbesserten Durchsetzungsvermögens und eines erfolgreichen Zweikampfverhaltens.

- Verbesserung der Belastungsverträglichkeit als Basis für die Durchführung effektiver Trainingsmethoden.
- Ergänzungstraining zur Kräftigung kleinerer Muskelpartien, die als Synergisten (Mitwirker) beim Vollzug der Wettkampfbewegung (z.B. Sprung oder Schuß) bedeutsam sind, aber durch die üblichen Belastungsformen oder durch das Spiel nicht entsprechend gefordert werden.
- Kompensationstraining zur Kräftigung von Muskeln, die zur Abschwächung neigen, wie Bauchmuskeln oder großer Gesäßmuskel.
- Verletzungsprophylaxe, da eine gut entwickelte Muskulatur einen effizienten Schutz für den Bewegungsapparat bietet.

Die verschiedenen Kraftarten

Die Schnellkraft

Die wichtigste konditionelle Teileigenschaft eines Fußballspielers ist die Schnellkraft.

Schnellkraft definiert sich als die Fähigkeit des neuromuskulären Systems, hohe Widerstände mit hohen Kontraktionen zu bewältigen. Die Schnellkraft ist abhängig von der Maximalkraft, von der Kontraktionsgeschwindigkeit der Muskulatur, vom Muskelzusammenspiel (intermuskuläre Koordination) und vom Muskelquerschnitt (Maximalkraftanteil). Zudem bestehen enge Beziehungen zwischen der Schnellkraft pro Kilogramm Körpergewicht und dem Prozentsatz an FT-Fasern. Die Schnellkraft stellt die wichtigste konditionelle Eigenschaft des Fußballspielers dar. Sie kann zum einen durch Erhöhung des energetischen Niveaus der am Bewegungsablauf beteiligten Muskelgruppen und zum anderen durch ein verbessertes intermuskuläres Zusammenspiel erhöht werden.

Bei der Erzeugung der Schnellkraft werden hohe Anforderungen an die intra- und intermuskuläre Koordination gestellt. Dazu gehören:

- Die Innervation einer maximalen Zahl von motorischen Einheiten, wobei es zu einer hohen Rekrutierungsrate der schnellkontrahierenden Muskelfasern kommen muß.

● Hohe Synergistenaktivierung bei gleichzeitiger Antagonistenhemmung.

Die Maximalkraft

Maximalkraft definiert sich als die höchstmögliche Kraft, die ein Mensch willentlich entwickeln kann. Grundlage ist ein individuell optimaler Muskelfaserquerschnitt und eine hochausgeprägte intramuskuläre Koordination. Dazu gehören die nervale Fähigkeit, eine maximale Zahl von motorischen Einheiten zu aktivieren, und hohe Rekrutierungsraten aller Muskelfasertypen. Die Maximalkraft stellt eine komplexe konditionelle Fähigkeit dar, mit der maximale Kräfte entwickelt werden können, um sehr hohe äußere Widerstände (Beschleunigungs-, Brems- und Haltearbeit) zu überwinden.
Maximalkraft und Schnellkraft stehen in enger Beziehung zueinander.

Die Kraftausdauer

Eine gute Kraftausdauer ist notwendig, um 90 Minuten lang auf einem hohen Niveau spielen zu können.

Kraftausdauer definiert sich als Ermüdungswiderstandsfähigkeit bei langanhaltenden oder sich wiederholenden Kraftleistungen. Es werden hohe Anforderungen an die intramuskuläre Koordination gestellt. Die Innervation einer großen Zahl an motorischen Einheiten pro Einzelbewegungszyklus und geringe Rekrutierungs- und Synchronisationsraten sind wichtig, damit Reserveeinheiten geschaffen werden, die die Muskelermüdung verzögern. Es werden dabei hauptsächlich ST-Einheiten rekrutiert.

Zusammenfassend möchte ich die vereinfachte schematische Darstellung der Begriffsinhalte der Maximal- und Schnellkraftfähigkeit aus sportmethodischer, physiologischer und biochemischer Sicht aufführen:

Maximalkraftfähigkeit

sportmethodisch:	Komplexe konditionelle Fähigkeit für die Entwicklung maximaler Kräfte für die Überwindung sehr hoher äußerer Widerstände (Beschleunigungs-, Halte- und Bremsarbeit)

physiologisch:	Gleichzeitige Rekrutierung möglichst vieler motorischer Einheiten (vorwiegend FT-Fasern). Hohe Anforderung an die Schnelligkeit und Genauigkeit der Bewegungssteuerung und -regelung.
biochemisch:	Höchste Aktivierung der Myosin-Myokinase-ATPase, Resynthese des ATP durch Kreatinphosphat und Glykolyse.

Schnellkraftfähigkeit

sportmethodisch:	Komplexe konditionelle Fähigkeit für das maximale Beschleunigen des Körpers oder anderer Massen (Wettkampfgeräte u.a.) beziehungsweise des möglichst schnellen Entgegenwirkens gegenüber äußeren Widerständen.
physiologisch:	Rekrutierung möglichst vieler motorischer Einheiten zum gleichen Zeitpunkt, vorwiegend von FT-Fasern. Hohe Anforderung an die Schnelligkeit und Zuverlässigkeit der Bewegungssteuerung und Regelung.
biochemisch:	Größtmögliche und schnelle Kalziumfreisetzung im Muskel. Höchste Aktivierung der Myokinase in den FT-Fasern, Resynthese des ATP durch Kreatinphosphat und teilweise die Glykolyse.

Die Krafttrainingsmethoden

Das richtige Krafttraining zum richtigen Zeitpunkt ist ausschlaggebend für den Erfolg.

Was Beanspruchungsformen im Fußball angeht, sind vor allem die Schnellkraft, die eng damit zusammenhängende Maximalkraft und die Kraftausdauer von großer Bedeutung.
Wie bereits erwähnt muß ein Fußballer im Laufe eines Spiels zahlreiche beschleunigende Bewegungen (dyna-

misch positive Belastungen) wie Antritte, Sprünge und Schüsse sowie abbremsende Bewegungen (dynamisch negative Belastungen) wie Stops und abrupte Richtungswechsel durchführen. Folglich gilt für das Training des Fußballspielers, daß er sowohl die Schnellkraft, die Maximalkraft und die Kraftausdauer gezielt schulen sollte, um ein höheres Leistungsniveau zu erreichen. Dabei kommt es nicht darauf an, in allen drei Bereichen ein maximales, sondern ein optimales Niveau zu schaffen. Wer als Trainer auf ein gezieltes Krafttraining verzichtet, verzichtet gleichzeitig auf die Möglichkeit, aus seinen Spielern leistungsfähigere Athleten zu machen. Einschränkend sei allerdings gesagt, daß in den Klassen, in denen wenig trainiert wird, mehr fußballspezifisch (d.h. mit Ball) gearbeitet werden muß. Als Faustregel sollte gelten: Bei vier Trainingseinheiten in der Woche ist etwa ein Drittel der Trainingseinheiten mit einem speziellen Konditionstraining durchzuführen.

Einen Teil dieses Konditionstrainings zur Steigerung der körperlichen und sportlichen Leistungsfähigkeit stellt das Krafttraining dar, wobei zwischen allgemeinem und speziellem Krafttraining unterschieden wird. Das allgemeine Krafttraining wird bei Anfängern durchgeführt, in den Übergangsperioden und in den ersten Wochen der Vorbereitungsperiode.

In diesen Phasen besteht das primäre Ziel des Krafttrainings im Aufbau des Muskelquerschnitts. Im Rahmen dieses Trainings wird die Muskulatur auf spätere höhere Reize vorbereitet und ist damit in der Lage, diese besser und effektiver zu verarbeiten. Im allgemeinen Krafttraining schafft sich der Spieler die Grundlagen für die Durchführung eines speziellen, sportartspezifischen Krafttrainings. Besonders bei Spielern, die bereits über ein ausgeprägtes Kraftniveau verfügen, reichen die normalen Trainingsreize für eine weitere Leistungssteigerung nicht mehr aus, so daß neue Reize gesetzt werden müssen.

Es gibt statisches und dynamisches Krafttraining. Ich gehe nur auf das am häufigsten genutzte dynamische Krafttraining ein. Der Vorteil dieser Methode ist die Einbeziehung der beanspruchten Muskelgruppen in die für die Sportart spezifischen Bewegungsabläufe, wobei gleichzeitig die Koordination trainiert wird.

Beim dynamischen Krafttraining sind folgende Faktoren zu beachten:

- die Belastungsintensität (Widerstandsgröße)
- die Bewegungsschnelligkeit
- die Zahl der Bewegungswiederholungen
- die Zahl der Bewegungsserien
- die Pausendauer zwischen den einzelnen Bewegungswiederholungen bzw. Serien
- die Körperposition und in Verbindung damit die jeweils zurückgelegte Wegstrecke

Die Durchführung eines allgemeinen Krafttrainings

Krafttrainingsanfänger beginnen mit einem allgemeinen Krafttraining.

Besonders die Spieler, die noch kein Krafttraining absolviert haben, sollten mit einem allgemeinen Krafttraining beginnen. Das gleiche gilt für Spieler aller Klassen in der Übergangsperiode und in den ersten Wochen der Vorbereitungsperiode. Im allgemeinen Krafttraining schafft sich der Spieler die muskuläre und koordinative Grundlage für das spezielle Krafttraining. Dabei bieten sich vor allem Stationstraining, Circuittraining und vorbereitendes Sprungkrafttraining an.

Folgende Grundsätze sollten beachtet werden:

- Im allgemeinen Krafttraining kann man sich, aufgrund der noch geringeren Belastung, eine gute Technik erarbeiten, die beim späteren speziellen Krafttraining von entscheidender Bedeutung ist.
- Die Belastung muß so gewählt werden, daß der Spieler das Gewicht beherrscht und nicht umgekehrt.
- Die Entwicklung der Rumpfkraft ist genauso wichtig wie die Entwicklung der Beinkraft.
- Bei der Belastungsgestaltung ist darauf zu achten, daß es nicht zu einer einseitigen Muskelausbildung kommt. (Das Training der Agonisten ist genauso wichtig wie das Training der Antagonisten.)

Zum besseren Verständnis sind noch einige Fachausdrücke aus dem Bereich des Krafttrainings zu erklären:
Wiederholung: Einzelner, gesamter Bewegungsablauf einer Übung.
Satz: Fest angelegte Anzahl von Wiederholungen, die ohne Pause nacheinander ausgeführt werden.
Intensität: Höhe des Widerstandes in bezug auf die Maximalkraftfähigkeit.

Das Stationstraining

Beim Stationstraining muß darauf geachtet werden, daß die für den Fußballspieler wichtigsten Muskelgruppen trainiert werden. Dazu zählen:

- vordere Oberschenkelmuskulatur (M. quadriceps femoris)
- hintere Oberschenkelmuskulatur (ischiocrurale Muskulatur)
- Wadenmuskulatur (M. gastrocnemius)
- Schußbeinmuskulatur (M. iliopsoas, M. quadriceps femoris)
- Bauchmuskulatur (Abdominale Muskulatur)
- Rückenmuskulatur (M. erector spinae)
- Brustmuskulatur (M. pectoralis major)
- Oberarmmuskel (M. triceps brachii)
- Deltamuskel (M. deltoideus)

Für ein effektives Stationstraining empfehlen sich deshalb folgende Übungen:

Kniebeugen

Bei dieser Übung wird vornehmlich die für den Fußballer enorm wichtige Streckerkette der unteren Extremitäten (Hüft-, Bein- und Kniestreckung) optimal trainiert. Nachdem der Spieler die Hantel auf seiner Schulter plaziert hat, stellt er sich im hüftbreiten Stand vor einen Spiegel. Die Füße sind leicht nach außen gedreht. Der Oberkörper ist aufrecht. Als Hilfsmittel sollte unbedingt ein Kraftgürtel getragen werden.

Die Ausgangsstellung für die Kniebeuge ist der hüftbreite Stand. Knie und Fußspitzen bilden eine Linie.

Die Bewegung erfolgt in der Halbkniebeuge, die individuell durch Hilfsmittel (Bank oder Stuhl) festzulegen ist. Beim in die Hocke gehen muß der Spieler auf seine Knieachse achten, d.h. die Kniescheibe und die Fußspitze bilden eine Linie.

Die Endstellung der halben Kniebeuge ist individuell festzulegen.

Übung zur Kräftigung der Wadenmuskulatur

Das Training der Wadenmuskulatur erfolgt ebenfalls mit Hilfe einer Freihantel, die sich der Spieler auf die Schulter legt. Er stellt sich mit den Ballen auf eine Erhöhung und versucht sich bei vollständig gestrecktem Oberkörper auf die Zehenspitzen hochzudrücken.

Ausgangs- und Endstellung für das Training der Wadenmuskulatur. Nur der Ballen steht auf der Erhöhung.

Training der hinteren Oberschenkelmuskulatur

Der Spieler liegt mit dem Bauch auf dem Trainingsgerät. Der Hebelarm wird in Höhe der Ferse (Maleolengabel) plaziert und mit Hilfe der Bein- und Gesäßmuskulatur zum Gesäß herangezogen. Der Spieler hat darauf zu achten, das Gewicht nicht wieder aufzusetzen und bei der Übungsausführung nicht ein zu starkes Hohlkreuz zu machen.

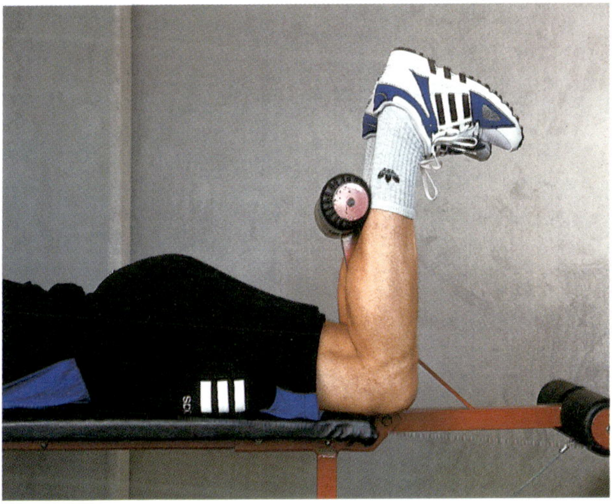

Das Gewicht kann bis zum Gesäß herangezogen werden, wobei kein Hohlkreuz entstehen darf.

Training der Schußbeinmuskulatur (M. iliopsoas, M. quadriceps femoris)

Das Training der Schußbeinmuskulatur ist optimal nur an speziell dafür entwickelten Trainingsgeräten durchzuführen. Der Spieler stellt sich achsengerecht an das Gerät und positioniert den Hebelarm oberhalb des Knies auf dem Oberschenkel. Dann drückt er das Gewicht mit Hilfe der Hüftbeugemuskulatur nach vorne oben.

Bei dieser Übung kommt es auf eine schnelle Bewegungsausführung an.

Training der Brustmuskulatur (M. pectoralis major) durch Bankdrücken

Der Spieler liegt mit dem Rücken auf einer Trainingsbank und winkelt die Beine an. Er faßt die Hantelstangen in einem relativ weiten Griff und senkt diese bis knapp über dem Brustkorb ab, um sie anschließend wieder zur nicht vollständigen Streckung zu bringen. Neben der

Brustmuskulatur wird gleichzeitig der Oberarmmuskel (M. triceps brachii) trainiert, der bei Einwürfen eine leistungsbestimmende Rolle spielt.

Die angewinkelten Beine verhindern eine Überlastung der Lendenwirbelsäule.

Training des Oberarmmuskels (M. triceps brachii), des Deltamuskels (M. deltoideus) und des Trapezmuskels (M. trapezius) mit Hilfe der Pull-over-Übung

Mit dieser Übung soll speziell die Muskulatur trainiert werden, die ein Spieler für Einwürfe benötigt. Dabei legt er sich mit dem Rücken auf eine Trainingsbank und umfaßt die Hantel mit einem mittelweiten Griff. Die Hantel wird hinter den Kopf nach unten und anschließend nach vorne oben geführt (Augen- bzw. Brusthöhe).

Auch bei dieser Übung kommt es auf eine schnelle Bewegungsausführung an.

Bei den obengenannten Übungen hat sich nach dem Test der Maximalkraftfähigkeit folgender Trainingsaufbau als ideal erwiesen:
4 Serien à 10 Wiederholungen mit einer Intensität von etwa 60–80% der Maximalkraftleistung. Die Serienpause beträgt drei bis vier Minuten.

Die Ermittlung der Maximalkraftfähigkeit

Um Über- oder Unterforderung zu vermeiden, muß die aktuelle Leistungsfähigkeit ermittelt werden.

Wie bereits erläutert, ist die Maximalkraft die höchstmögliche Kraft, die ein Mensch entwickeln kann. Für die Kniebeuge beispielsweise bedeutet dies:
Welches Gewicht kann der Spieler bei einer Bewegungsausführung maximal bewegen? Um diesen Test auszuführen, sind neben dem Spieler zwei weitere Hilfspersonen nötig, die sich rechts und links der Hantelstange postieren. Da der Spieler im Grenzbereich seiner Leistungsfähigkeit arbeitet, ist von den beiden Hilfspersonen eine besondere Aufmerksamkeit gefordert. Sie sollten ständigen Kontakt zur Hantelstange haben, ohne dabei unterstützend zu wirken. Ist der Spieler nicht mehr in der Lage das Gewicht zu halten, können sie ihm helfen das Gewicht wieder abzulegen. Auf diese Weise kann man das derzeitige individuelle Maximalkraftniveau eines jeden Spielers austesten, um anhand dieser Werte ein optimales Trainingsprogramm aufzustellen. Der Ermittlung der Maximalkraftfähigkeit ist ein Aufwärmprogramm vorgeschaltet.

Die Bewegungsgeschwindigkeit

Anfänger trainieren mit mittleren, Könner mit hohen Bewegungsgeschwindigkeiten.

Bezüglich der Bewegungsgeschwindigkeit empfehle ich ein individuell mittleres Tempo. Gerade bei Anfängern reicht die Technik für eine schnelle Bewegungsausführung noch nicht aus, so daß es zu Irradiationen kommt, die die Hinführung zu einer guten Koordination verhindern. Gleichzeitig stellt die daraus resultierende längere Anspannungszeit einen höheren Reiz für die Muskulatur dar, wodurch der Kraftzuwachs größer wird.
Eine Ausnahme von diesem Trainingsaufbau stellen nur die Übungen zur Kräftigung der Bauch- und Rückenmuskulatur dar. Da es sich um eine Haltemuskulatur handelt, gehören vorwiegend ST-Einheiten zur Faser-

ausstattung. Diese reagieren am effektivsten bei einer langsamen oder statischen Belastung.

Übungen zur Kräftigung der Bauchmuskulatur

Bei der Bauchmuskulatur wird zwischen geraden und schrägen Muskeln unterschieden. Als gutes isoliertes Training der Bauchmuskulatur hat sich zum einen die Stufenlagerung, zum anderen die Stemmhalte als ideale Ausgangsposition erwiesen. Bei der Stufenlagerung legt sich der Spieler auf den Rücken und beugt die Hüfte bis zu einem 90-Grad-Winkel. Die Unterschenkel sind parallel zum Boden.

Die Stufenlagerung wird eingenommen, um die Bauchmuskulatur isoliert zu trainieren.

Bei der Stemmhalte werden die Beine angewinkelt. Die Fußspitzen zeigen zur Decke und die Fersen werden in den Boden gestemmt. Der Kopf ist leicht abgehoben, so daß ein Doppelkinn entsteht.

Wenn die Fersen in den Boden gedrückt werden, kann die Hüftbeugemuskulatur ausgeschaltet werden.

Bei beiden Positionen können sowohl die geraden als auch die schrägen Bauchmuskeln trainiert werden. Die geraden Bauchmuskeln werden trainiert, indem man den Oberkörper nach vorne oben aufrichtet, bis die Schulterblattspitzen den Boden verlassen haben (nicht weiter).

Der Oberkörper wird nur so weit abgehoben, daß die Schulterblattspitzen den Boden verlassen.

Beim Training der schrägen Bauchmuskulatur wird der Oberkörper ebenfalls vom Boden abgehoben, wobei eine Schulter dann zum diagonalen Knie geführt wird.

Beim Training der Bauchmuskulatur ist eine langsame Bewegungsaufführung wichtig.

Beim Bauchmuskeltraining sind zwei Varianten möglich:

- Die Endstellung über vier Serien so lange halten, wie es maximal möglich ist.
- Langsames Heben und Senken des Oberkörpers über vier Serien, mit maximal möglicher Wiederholungszahl.

Für die Spieler, die bereits über eine gut entwickelte Bauchmuskulatur verfügen, bietet sich eine erweiterte Übungsform an. Mit ihr werden die unteren Anteile der Bauchmuskulatur trainiert. Der Spieler liegt auf dem Rücken und hat die Beine in einem 90-Grad-Winkel abgehoben. Die Fußspitzen sind angezogen. Aus dieser Position heraus soll das Gesäß vom Boden abgehoben werden, ohne daß sich die Beine dem Körper annähern. Auch für diese Übung gelten die obengenannten Trainingsvarianten.

Die Knie müssen waagerecht nach oben geführt werden. Die Hände dürfen nicht unterstützend wirken.

Training der Rückenmuskulatur (M. erector spinae)

Beim Training der Rückenmuskulatur legt sich der Spieler so auf einen Kasten, daß er die Hüfte beugen kann. Stabilisation erhält er, wenn er seine Füße in eine Sprossenwand hängt. Aus dieser Position kann er mit und ohne Zusatzgewicht den Oberkörper bis in die Waagerechte (nicht höher) führen und wieder absenken.

Der Oberkörper ist nur bis zur Waagerechten zu führen, damit kein Hohlkreuz entsteht.

Trainingsdurchführung: 4 Serien mit 10 bis 20 Wiederholungen, je nach Leistungsvermögen

Das Circuittraining

Das Circuittraining ist eine hocheffektive Form des Konditionstrainings, mit dem die körperliche Leistungsfähigkeit entwickelt, wiederhergestellt oder erhalten werden kann. Je nach Aufbau eines Circuits können Kraft, Schnelligkeit und Ausdauer sowie besonders deren Mischformen sehr effektiv trainiert werden. Die wichtigsten Muskelgruppen werden im ständigen Wechsel belastet, wobei die individuelle Belastung und der Leistungsfortschritt leicht zu ermitteln ist. Organisatorisch besteht die Möglichkeit, eine große Zahl von Spielern (eine ganze Mannschaft) auf relativ kleinem Raum, bei rationeller Nutzung aller vorhandenen Möglichkeiten, gleichzeitig trainieren zu lassen. Circuittraining eignet sich hervorragend zur Verbesserung der allgemeinen

Kraftfähigkeit. Die Auswahl der Übungen erfolgt fußballspezifisch, d.h. die für den Fußballer wichtigsten Muskelgruppen sollen an den einzelnen Stationen trainiert werden (siehe Kapitel »Das Stationstraining«). Diese Trainingsart bietet eine willkommene Abwechslung und kann die Spieler entsprechend motivieren. Sie werden zur Selbständigkeit und zur richtigen Selbsteinschätzung erzogen.

Im Circuittraining kommt es darauf an, in der vorgegebenen Zeit möglichst viele Wiederholungen zu schaffen. Zur Steigerung des Trainingseffektes bieten sich zwei zusätzliche Varianten an:

1. Übungen zur Kräftigung der Bein- und Oberkörpermuskulatur werden, mit Ausnahme von Medizinballwürfen, die explosiv ausgeführt werden, mit einem mittleren Bewegungstempo durchgeführt. So ist jeder Spieler in der Lage, eine korrekte, technisch einwandfreie Bewegung auszuführen. Der Trainingseffekt ist entsprechend hoch.
2. Übungen zur Kräftigung der Rumpfmuskulatur (Bauch und Rücken) werden auch im Rahmen des Circuittrainings, aufgrund der Faserausstattung, mit einem langsamen Bewegungstempo ausgeführt.

Das Circuittraining bedarf einer guten Organisation.

Damit eine optimale Durchführung des Circuittrainings gewährleistet ist, sind einige Punkte zu beachten:

- die Reihenfolge der Stationen ist festzulegen
- nicht zweimal hintereinander die gleiche Muskelgruppe trainieren
- gleich starke Spieler müssen eingeteilt werden
- ein ausreichend intensives Aufwärmprogramm ist vorgeschaltet
- Belastungs- und Pausenzeiten müssen festgelegt werden

Durchführung eines Circuittrainings:
Bei einem Zirkel zur Verbesserung der allgemeinen Kraftfähigkeiten liegen die Belastungszeiten zwischen 30 und 60 Sekunden. Die Pausenzeit entspricht jeweils der Belastungszeit. In diesem Zeitraum sind je nach Bewegungsgeschwindigkeit 15 bis 30 Wiederholungen

möglich. Es können je nach Leistungsstand und Anzahl der Übungen drei bis fünf Durchgänge absolviert werden. Ziel dieses Trainings ist eine Verbesserung des Stehvermögens und damit verbunden eine Erhöhung der Ermüdungsresistenz.

Übungsbeispiele zum Training der Beinmuskulatur

Im Circuittraining sind zahlreiche Variationsmöglichkeiten gegeben.

● **halbe Kniebeugen** (90°-Winkelstellung im Kniegelenk)
Die Kniebeugen werden mit Zusatzgewichten wie Sandsack, Hantelstange oder Gewichtsweste durchgeführt.

● **Sprungvariationen,** dazu zählen:
Hockstrecksprünge beidbeinig (90°-Winkelstellung im Kniegelenk)
Hockstrecksprünge aus der Schrittstellung (90°-Winkelstellung im Kniegelenk)
Strecksprünge mit Anhocken der Beine
Fußgelenksprünge bei gestrecktem Oberkörper und angezogenen Fußspitzen
Hockstrecksprünge mit Zusatzlast
Kastenaufsprünge
Kastenaufsteigen im Wechsel, mit und ohne Zusatzlast
Seitsprünge über die Langbank
Seilspringen

Übungsbeispiele zum Training der Arm- und Schultermuskulatur

● **Liegestütze** in folgenden Variationen:
normale Liegestütze mit gestrecktem Körper und leicht nach innen geneigten Händen
Liegestütze im Wechsel rechten Arm und linken Arm betonen
Liegestütze mit den Füßen auf einer Erhöhung
Liegestütze mit Zusatzlast

● **Medizinballwürfe** (explosive Ausführung)
Überwürfe (wie Einwürfe)
Überwürfe aus der Schrittstellung
Medizinballstoßen (Hände vor der Brust und explosiver Ausstoß)
Medizinballstoßen einarmig (wie Kugelstoßen)
Überwürfe mit dem Rücken zur Wand (beim Abwurf gestreckter Oberkörper)

- **Übungen am Barren**

Dips im Stütz am Barren (hoch- und runterdrücken)
Klimmzüge aus dem Liegehang
Barren im Stütz durchlaufen

- **Übungen am Reck**

Klimmzüge mit Ristgriff, Kammgriff oder Zwiegriff
Klimmzüge mit dem Kopf vor der Stange

Übungen zum Training der Bauchmuskulatur

- Bauchmuskeltraining in korrekter Ausführung (siehe »Das Stationstraining«)

Gerade Bauchmuskulatur
Schräge Bauchmuskulatur
Untere Bauchmuskulatur

Übungen zum Training der Rückenmuskulatur

- In Bauchlage die Füße aufsetzen und in den Boden drücken, die Beine strecken, so daß die Kniescheiben vom Boden abgehoben sind, Arme sind nach vorne gestreckt, den Oberkörper leicht heben und senken, ohne wieder ganz abzulegen.

Rückentraining in Bauchlage auf einem Längskasten (siehe »Das Stationstraining«).
Rückentraining in Bauchlage auf einem Kasten, die Beine strecken und beugen.

Das vorbereitende Sprungkrafttraining

Auch im Sprungkrafttraining ist auf die Belastungsreihenfolge zu achten.

Wie Stationstraining und Circuittraining dient das vorbereitende Sprungkrafttraining der Verbesserung des allgemeinen Kraftniveaus. Alle drei Trainingsarten haben außerdem koordinativen Charakter und dienen der Technikvorbereitung der später folgenden Sprungformen. Wer die vorbereitenden Sprünge technisch beherrscht, ist in der Lage, die im darauffolgenden Schnellkrafttraining zu absolvierenden Sprünge leichter und damit effektiver umzusetzen. Was den Verlauf des Trainings über ein Jahr hinweg betrifft, ist folgende Reihenfolge empfehlenswert:
Vorbereitende Sprünge (kleine Sprünge) $\rightrightarrows$ reaktiv hori-

zontale Sprünge ⇉ reaktiv vertikale Sprünge ⇉ plyometrische Sprünge
Auf die Definitionen der einzelnen Sprungformen werde ich noch gezielt eingehen.

Zu den vorbereitenden Spüngen und Kraftformen zählen Hopserläufe, Fußgelenksprünge, Seilhüpfen, Schlittschuhsprünge, Kniehebeläufe und Ausfallschrittgehen. Bei der Bewegungsausführung sind die nachstehenden Technikhinweise zu beachten:

Hopserläufe

Beim Absprung kommt es zur vollständigen Streckung des Absprungbeines. Das Schwungbein wird bis zur Waagerechten angehoben. Die Arme unterstützen die Bewegung koordinativ. Hopserläufe können, je nach Intensität, über eine Strecke von 20 bis 40 Metern durchgeführt werden.

Beim Hopserlauf kommt es zu einem explosiven Abdruck mit Hilfe der Wadenmuskulatur.

Fußgelenksprünge

Bei den Fußgelenksprüngen ist der ganze Körper gestreckt. Es wird nur mit Hilfe der Wadenmuskulatur gearbeitet. Nach dem Absprung sind die Fußspitzen anzuziehen. Die Bodenkontaktzeit beim Aufsetzen der Füße ist so gering wie möglich zu halten. Fußgelenksprünge können in langsamer Ausführung, mit hoher Sprunghöhe, oder in sehr schneller Ausführung mit geringer Sprunghöhe durchgeführt werden. Die Wiederholungszahlen bei den Fußgelenksprüngen liegen zwischen zehn und 20.

Fußgelenksprünge können schnell mit geringer Höhe oder mit explosivem Abdruck und großer Höhe absolviert werden.

Seilhüpfen

Die Bewegungsausführung gleicht denen der Fußgelenksprünge. Variationen sind in der Geschwindigkeit und der Sprunghöhe gegeben. Je nach Art des Trainings (Schnellkraft oder Kraftausdauer) zwischen 20 Wiederholungen und mehreren Minuten.

Schlittschuhsprünge

Diese Sprünge werden mit gebeugten Knien und nach vorne gelagertem, geradem Oberkörper durchgeführt. Die Hände liegen auf dem Rücken. Die Bewegungsausführung gleicht der des Schlittschuhläufers, mit dem Unterschied, daß hier gesprungen werden muß. Variationen sind in der Explosivität des Absprungs und der seitlichen Weite der Sprünge gegeben. Anfänger sollten nach erfolgter Landung zunächst einen Augenblick verharren, um sich auf den nächsten Sprung vorzubereiten und nicht mehr als drei Serien von zwölf Wiederholungen durchführen. Fortgeschrittene können fünf Serien mit bis zu 15 Wiederholungen absolvieren.

Schlittschuhsprünge werden mit nach vorn geneigtem Oberkörper und geradem Rücken durchgeführt.

Kniehebeläufe

Kniehebeläufe werden mit einem hohen Kniehub (mindestens bis zur Waagerechten) durchgeführt. Der Oberkörper ist gestreckt und nur ganz leicht nach vorne geneigt.
Die Arme werden in Laufrichtung geführt. Man sollte pro Meter etwa drei bis vier ganzheitliche Bewegungen durchführen. Da die Koordination von Beinen und Armen besonders den Anfängern Schwierigkeiten bereitet, können die Kniehebeläufe auch mit steif hängenden Armen durchgeführt werden. Bei guter Koordination kann man die Kniehebeläufe mit nach vorne oder nach oben gestreckten Armen variieren. Die Streckenlänge variiert je nach Trainingszustand zwischen 15 und 50 Metern.

Ausfallschrittgehen

Hierbei handelt es sich um eine vorbereitende Kraftübung, die in besonderem Maße die Gesäßmuskulatur

In der Übergangsphase kommt es zu einem betonten Kniehub und vollständiger Streckung des Körpers.

Die Weite des Ausfallschritts muß so gewählt werden, daß der Spieler in der Lage ist, wieder in die Übergangsphase zu gelangen.

kräftigt. Der Spieler geht dabei in der Übergangsphase mit betont hohem Kniehub und entsprechendem Armeinsatz in den weiten Ausfallschritt und drückt sich aus diesem wieder nach oben in den nächsten weiten Ausfallschritt. Wer über ein gutes Kraftniveau verfügt, kann Zusatzlasten benutzen. Da diese Übung sehr schnell einen Muskelkater verursachen kann, ist bei Anfängern sehr behutsam (höchstens drei Serien mit 10 Wiederholungen) vorzugehen. Spieler, die diese Übung gewohnt sind, können drei bis fünf Serien mit zehn bis 15 Wiederholungen durchführen.

Spezielle Krafttrainingsmethoden

Das spezielle Krafttraining dient der Entwicklung und Verbesserung der sportartspezifischen Fähigkeiten. Zu den speziellen Krafttrainingsmethoden zählen das Maximalkraft-, Schnellkraft- und Kraftausdauertraining. Die Grundlage für ein erfolgversprechendes spezielles Krafttraining holt sich der Spieler im allgemeinen Krafttraining. Erst bei einem ausreichenden Kraftniveau und guter Koordination sollte der Spieler mit dem speziellen Krafttraining beginnen, da sonst die Verletzungsgefahr oder die Gefahr des Übertrainings zu groß ist.

Erst ab einem bestimmten Leistungsniveau kann auch mit dem speziellen Krafttraining begonnen werden.

Das Maximalkrafttraining

Das Prinzip des Maximalkrafttrainings ist es, durch hohe Reizintensitäten möglichst viele motorische Einheiten in der beanspruchten Muskulatur anzusprechen. Eine Verbesserung der Maximalkraft ist auf zweierlei Weise möglich:

1. Kraftzuwachs durch eine erhebliche Vergrößerung der Muskelmasse
2. Kraftzuwachs durch ein verbessertes muskuläres Zusammenspiel

Voraussetzung ist ein Training im submaximalen bis maximalen Intensitätsbereich. Dieser liegt bei gut trainierten Spielern im Bereich zwischen 85 und 100% der Maximalkraftleistung.

Es gibt drei Formen des Maximalkrafttrainings:

- Die Arbeit mit einem submaximalen Gewicht bis zur Erschöpfung.

- Das einmalige Heben eines Maximalgewichtes.
- Die Arbeit mit einem leichten bis mittleren Gewicht, bei der die Übungsausführung mit möglichst maximaler Geschwindigkeit erfolgt.

Bei der ersten Form wird erst dann ein größtmöglicher Reiz ausgelöst, wenn infolge der Ermüdung eine ständig wachsende Zahl von motorischen Einheiten zum Einsatz kommt. Um einen optimalen Effekt zu erzielen, muß also bis zur völligen Ermüdung trainiert werden. Da diese Form des Krafttrainings leicht umzusetzen ist und die Verletzungsgefahr sehr gering ist, ist sie besonders Anfängern zu empfehlen. Der Nachteil liegt in dem großen Arbeits- und Zeitaufwand. Daher wird die zweite Methode, das einmalige Heben eines Maximalgewichtes, von den Leistungssportlern bevorzugt. Man benötigt weniger Zeit und auch mit ihr läßt sich eine optimale Koordination erreichen. Die dritte Form des Maximalkrafttrainings dient ausschließlich der Schnellkraftentwicklung in bestimmten Bewegungsabläufen.
Ein effektives Maximalkrafttraining ist immer auch mit einem höchstmöglichen Willenseinsatz verbunden. Motivation und Einstellung des Spielers müssen stimmen.

Beispiel eines Maximalkrafttrainings:

Das Maximalkrafttraining stellt eine hocheffektive, aber auch belastende Trainingsform dar.

Eine besonders effektive Übungsform des Maximalkrafttrainings stellt die *Kniebeuge* dar. Mit dieser Übungsform ist vor allem die Maximalkraftfähigkeit der Streckerkette der unteren Extremitäten (Hüft-, Bein- und Fußstreckung) optimal trainierbar. In wissenschaftlichen Untersuchungen konnte der hochsignifikante Zusammenhang zwischen der Maximalkraft der Beinstreckmuskulatur und der 10-Meter-Sprintzeit nachgewiesen werden. Diese Distanz ist in der Häufigkeitsverteilung der Laufstrecken, die ein Fußballspieler im Laufe eines Spiels zurücklegt, am häufigsten vertreten.
Die Erfahrung hat gezeigt, daß sich hinsichtlich des Bewegungstempos eine mittlere Geschwindigkeit als ideal erwiesen hat. Wer jedoch über eine gute Bewegungskoordination, auch bei maximalen Gewichtsbelastungen, verfügt, sollte eine möglichst zügige (sprintspezifische) Bewegung ausführen.

Um das Training der Beinstreckmuskulatur mit Hilfe der Kniebeuge möglichst effektiv auszuführen, muß zunächst wieder das aktuelle Leistungsniveau jedes einzelnen Spielers ausgetestet werden.

Das Übungsprogramm läuft folgendermaßen ab:

6–10 Wiederholungen mit 60–70% (als Erwärmung)
4–5 Wiederholungen mit 80%
3 Wiederholungen mit 85%
3 Wiederholungen mit 90%
2 Wiederholungen mit 92,5%
1 Wiederholung mit 95 %
1 Wiederholung mit 97,5%

Die Serienpause beträgt vier bis fünf Minuten. Das Training ist immer mit zur Hilfe stehenden Trainingspartnern zu absolvieren.
Vor einem Maximalkrafttraining sollten immer Sprünge absolviert werden, um die Muskulatur auf die bevorstehende Belastung vorzubereiten. Zwischen den einzelnen Serien sind zehn bis zwölf explosive Fußgelenksprünge mit möglichst kurzer Bodenkontaktzeit durchzuführen.
Nach dem Krafttraining empfiehlt es sich, drei bis fünf koordinative Läufe (Abläufe) über eine Strecke von 60 Metern mit geringer Intensität zu absolvieren.

Neben der Halbkniebeuge kann ebenso das *Bankdrükken* in der gleichen Trainingsvariante durchgeführt werden.
Das Training der Wadenmuskulatur und der Schußbeinmuskulatur sollte aufgrund der technisch schwer durchführbaren Bewegungsform so aussehen:
3–5 Serien mit 6–10 Wiederholungen bei 80% der Maximalkraftleistung in zügiger Bewegungsausführung

Das Schnellkrafttraining

Die Verbesserung der Schnellkraft nimmt einen großen Teil des Trainings in Anspruch.

Die Schnellkraft zählt zu den wichtigsten konditionellen Eigenschaften eines Fußballspielers. Er benötigt sie für die Schußkraft, Sprungkraft und Wurfkraft, für Antritte und Sprints. Ziel des Schnellkrafttrainings ist eine Erhöhung der Kontraktionsgeschwindigkeit und eine Verbesserung des muskulären Zusammenspiels. Schnellkrafttraining zeichnet sich durch hohe Bewegungsgeschwindigkeiten aus. Trainingsmethodisch ist es die Fähigkeit des neuromuskulären Systems, hohe Widerstände mit hohen Kontraktionen zu bewältigen. Den größten Trainingserfolg kann man nur in Verbindung mit den Maximalkrafttrainingsarten erreichen, da die Maximalkraft die wichtigste Komponente der Schnellkraft darstellt.

Die Schnellkraftfähigkeit hängt von folgenden Faktoren ab:

Eine Verbesserung der Schnellkraft ist mit zahlreichen Trainingsmethoden zu erreichen.

- Von der Kontraktionskraft der eingesetzten Muskelfasern, insbesondere des Maximalkraftanteils.
- Von der Zahl der motorischen Einheiten, die bei Bewegungsbeginn gleichzeitig eingesetzt werden können.
- Von der Kontraktionsgeschwindigkeit der aktivierten Muskelfasern, die abhängig ist vom Anteil an FT-Fasern.
- Von der Qualität der intermuskulären Koordination.

Neben der Verbesserung der Maximalkraft eignet sich besonders das sogenannte reaktive Training zur Verbesserung der Schnellkraft. Dabei handelt es sich um eine Trainingsmethode, in der negativ dynamische Arbeit mit positiv dynamischer Arbeit explosiv verbunden wird. Folgende Übungen gehören zum reaktiven Training:

- Alle Formen von horizontalen Sprüngen, insbesondere Sprungläufe und Einbeinsprünge
- Kastenaufsprünge, mit und ohne Zusatzlast
- Hürdensprünge
- Niedersprünge

Der große Vorteil dieser Trainingsform ist die Einbeziehung der Kraftbeanspruchung in den sportartspezifischen Bewegungsablauf.
Charakteristisch für das reaktive Training sind kurze Bodenkontaktzeiten (unter 0,2 Sekunden) und daraus resultierende geringe Beugewinkel der Fuß-, Knie- und Hüftgelenke sowie die vollständige Streckung im Absprung. Sprünge auf einer Weichbodenmatte haben meist keinen reaktiven Charakter, da der weiche Mattenboden ein schnelles Arbeiten verhindert.
Zu den wichtigsten Sprungformen zur Verbesserung der Schnellkraft zählen Sprungläufe und Einbeinsprünge.

Sprungläufe (Abb. s. S. 50/51)

Der Sprunglauf stellt eine hocheffektive Form des reaktiven Schnellkrafttrainings dar. Es handelt sich dabei um eine sprintspezifische Bewegungsform, in der es besonders auf den explosiven Abdruck und eine kurze Bodenkontaktzeit ankommt. Die Sprunglaufleistung korreliert eng mit der Sprintleistung.

Absprungphase:
Nach einem explosiven Fußabdruck kommt es zur vollständigen Streckung von Hüfte, Knie und Fuß. Das Schwungbein wird bis zur Waagerechten angehoben. Die Fußspitze des Schwungbeins zeigt nach oben. Die Arme wirken unterstützend.

Flugphase:
In der Flugphase werden die Schwungelemente fixiert. Die Arme wirken stabilisierend. Das Schwungbein behält die waagerechte Position bei, das Absprungbein kann gebeugt werden.

Landephase:
In der Landephase setzt der ganze Fuß auf. Hüfte, Knie und Fuß werden nur ganz leicht gebeugt, um die Bodenkontaktzeit so kurz wie möglich zu halten.

Einbeinsprünge (Abb. s. S. 52/53)

Einbeinsprünge stellen eine weitere sehr effektive Form des Schnellkrafttrainings dar. Sie sind sowohl vom technischen Niveau als auch vom Kraftniveau anspruchsvoller als Sprungläufe.

Absprungphase:
Nach einem explosiven Abdruck kommt es zur vollständigen Streckung in Hüfte, Knie und Fuß. Das Schwungbein wird bis zur Waagerechten geführt.

Flugphase:
In der Flugphase wird eine stabile Haltung eingenommen. Während das Schwungbein abgesetzt wird, wird das Absprungbein in hoher Führung (Waagerechte) nach vorne geführt.

Der Sprunglauf kommt der Bewegungsform des Sprints am nächsten. Der Krafteinsatz ist allerdings wesentlich größer.

adidas

Einbeinsprünge verlangen vom Spieler ein hohes Kraftniveau und eine gute Koordination.

Landephase:
Der ganze Fuß wird aufgesetzt. Hüfte, Knie und Fuß sind nur ganz leicht gebeugt, um so eine kurze Bodenkontaktzeit zu gewährleisten.

Kastensprünge

Kastensprünge werden beidbeinig ausgeführt. Die Bewegungsausführung ist ebenfalls explosiv, mit geringen Beugewinkeln in Hüfte, Knie und Fuß und möglichst kurzen Bodenkontaktzeiten.

Vor dem Absprung werden die Muskeln bereits angespannt, um so eine höhere Kraft zu entfalten.

Die Höhe des Kastens ist individuell unterschiedlich. Der Spieler muß in der Lage sein, die Sprünge schnellkräftig durchzuführen. Verharrt er zwischen den Sprüngen, um neu anzusetzen, ist die Kastenhöhe herunterzusetzen. Die Füße werden beim Absprung etwa hüftbreit gestellt. Besonders beim Absprung ist darauf zu achten, daß die Knieachse (Knie und Fußspitze bilden eine Achse) eingehalten wird.

Nur der Ballen berührt den Kasten, damit man sofort wieder zu einem neuen Sprung ansetzen kann.

Hürdensprünge

Hürdensprünge werden ebenfalls beidbeinig ausgeführt. Als Sprunghürden sollten besonders bei Anfängern keine starren Wettkampfhürden verwendet werden, da die Verletzungsgefahr besonders bei Ermüdung zu groß ist. Wer keine Sprunghürden (Zacharias-Hürden) zur Verfügung hat, sollte kreativ werden (z.B. Gummiseile spannen).

Bei der Übungsausführung werden die Füße wiederum hüftbreit gestellt. Neben der vollständigen Streckung in Hüfte, Knie und Fuß beim Absprung sind kurze Bodenkontaktzeiten Ziel der Bewegungsausführung. Die Höhe der Hürden ist wiederum individuell unterschiedlich.

Die Bodenkontaktzeit zwischen den Hürden ist so gering wie möglich zu halten.

Niedersprünge

Bei Niedersprüngen von hohen Kästen, die mit einem geringen Kniebeugewinkel durchgeführt werden, kann die höchste Muskelaktivität und dementsprechend der höchste Trainingsreiz gesetzt werden.
Werden Niedersprünge mit großen Beugewinkeln durchgeführt, besteht besonders bei ungenügend trainierten Spielern die Gefahr eines starken Muskelkaters.
Technikbeschreibung:
Der Spieler steht auf einem Kasten, der in etwa der Höhe entsprechen soll, die er beim Aufsprung auf den Kasten bewältigen kann. Aus gestreckter Körperhaltung springt der Spieler vom Kasten und versucht mit möglichst geringen Beugewinkeln zu landen.

Trainingsdurchführung bei der Schnellkraft: Für Anfänger 3 Serien, für Fortgeschrittene 3–5 Serien, für Profispieler 6–10 Serien mit sechs bis zehn Wiederholungen bei hohem bis höchstem Bewegungstempo. Die Pausen zwischen den Serien betragen zwei bis vier Minuten. Reaktives Training sollte nur in einem ausgeruhten Zustand durchgeführt werden.

Das Kraftausdauertraining

Eine gute Erholungsfähigkeit ist abhängig von einer guten Kraftausdauer.

Kraftausdauer definiert sich als Widerstandsfähigkeit gegen Ermüdung bei langanhaltenden oder sich wiederholenden Belastungen. Sie ist abhängig von der Maximalkraft und von der aeroben und anaeroben Ausdauer. Es wird zwischen Schnellkraftausdauer und Kraftausdauer unterschieden. Die Schnellkraftausdauer ist für den Fußballspieler von leistungsentscheidender Bedeutung. Ein Spieler muß in der Lage sein, über einen längeren Zeitraum (90 Minuten und mehr) schnellkräftig zu agieren, ohne dabei Leistungseinbußen in den Bereichen Schuß-, Sprung- und Startkraft zu haben. Voraussetzung dafür ist eine schnelle Erholungsfähigkeit der Muskulatur, die von der lokalen aeroben und anaeroben Ausdauerleistung abhängig ist. Die Kraftausdauer spielt vor allem bei der Entwicklung der Rumpfmuskulatur eine wichtige Rolle.

Die Erzeugung der Kraftausdauer stellt besondere Anforderungen an die intramuskuläre Koordination:

Beim Kraftausdauertraining wird mit geringen Gewichten und hohen Wiederholungszahlen gearbeitet.

- Innervation einer optimalen Zahl an motorischen Einheiten pro Einzelbewegungszyklus.
- Geringe Rekrutierungs- und Synchronisationraten.
- Erhalt von Reserveeinheiten, um die Muskelermüdung zu verzögern.

Für das Training bedeutet dies, daß vorrangig extensive Trainingsreize gesetzt werden, d.h. geringe Gewichte und hohe Wiederholungszahlen bei mittleren Bewegungsgeschwindigkeiten. Die Reizstärke ist submaximal, aber dennoch so hoch, daß schnelle Muskelfasern angesprochen werden. In ihnen soll sich dann ein ausgeprägter oxidativer Stoffwechsel mit hohem glykolytischem Durchsatz entwickeln, wobei hauptsächlich die bereits erwähnten FTO-Fasern angesprochen werden.
Alle bisher aufgeführten Kraft- und Sprungformen können im Rahmen der Kraftausdauer geschult werden.

Der Trainingsaufbau zur Schulung der Schnellkraft- und Kraftausdauer sieht so aus:

Für das Stationstraining:
4 Serien à 10 Wiederholungen mit einer Intensität von 60–80% der Maximalkraftleistung. Die Serienpause beträgt drei bis vier Minuten.

Für die Sprungformen:
Vier Serien von 30- bis 100-m-Sprungläufen auf Weite
Vier Serien von 10 bis 20 Wiederholungen Einbeinsprünge auf Weite
Vier Serien von 10 bis 15 Kastenaufsprüngen
Vier Serien von 10 Hürdensprüngen

Für das Training der Rumpfmuskulatur:
Vier Serien mit maximal möglicher Wiederholungszahl für die geraden, schrägen und unteren Bauchmuskeln
Vier Serien mit 10 bis 20 Wiederholungen für die Rückenmuskulatur

Die Kraft- und Schnellkraftausdauer läßt sich auch hervorragend im Rahmen des Circuittrainings verbessern.

Spezielle Krafttrainingsformen

Zu den speziellen Krafttrainingsformen zähle ich das konträre Krafttraining und das isokinetische.

Beim **konträren Krafttraining** wird dem dynamischen Teil einer Übung ein statischer vorgeschaltet. Dieses Training möchte ich am Beispiel der Kastensprünge erklären: Der Spieler steht im hüftbreiten Stand vor dem Kasten. Er geht in die Viertelkniebeuge und spannt die Muskulatur an. Dann versucht er ohne Ausholbewegung so explosiv wie möglich aus der Vorspannung heraus abzuspringen. Durch die Vorspannung wird eine größere Anzahl von neuromotorischen Einheiten innerviert, wodurch sich die Kontraktionskraft beim dynamischen Teil der Bewegung (explosiver Absprung) deutlich erhöht.

Isokinetisches Training ist nur an speziell dafür entwickelten Geräten möglich. Diese sind so konstruiert, daß der Trainierende gegen einen maximalen Widerstand, bei konstant gehaltener Bewegungsgeschwindigkeit, arbeitet. Ein großer Vorteil ist, daß für jeden Gelenkwinkel eine maximale Spannungsentwicklung erzeugt wird. Die Isokinetik wird häufig und sehr erfolgreich in der Rehabilitation angewandt. Bei gesunden Athleten ist sie in bezug auf die Kraftzunahme mit den dynamisch-konzentrischen Kontraktionen gleichzusetzen. Ein Nachteil ist die fehlende sportartspezifische Bewegungsform und die somit fehlende Koordinationsschulung.

Mit Hilfe der Isokinetik kann man schnell und effektiv eine Kraftgrundlage aufbauen.

Die Periodisierung des Krafttrainings

Eine allgemeine und individuelle Trainingsplanung gehört zu den wichtigsten Aufgaben eines Trainers.

Das grundlegende Ziel jeder Trainingsmaßnahme ist es, die Leistungsfähigkeit des Sportlers zu steigern. Die durch das Training ausgelösten Anpassungerscheinungen können diese Leistungssteigerung bewirken. Um Trainingsprogramme effektiv zu gestalten, ist eine Periodisierung unbedingt notwendig. Einige grundlegende Dinge sind für den Erfolg des Trainings von entscheidender Bedeutung:

Das Leistungsniveau

Zunächst ist eine Einschätzung des Leistungspotentials der Spieler sehr wichtig. Bestimmte effektive Trainingsmethoden können für unvorbereitete Spieler eine zu hohe Belastung darstellen und statt einer Leistungsverbesserung eine Verschlechterung bewirken. Hinzu kommt die erhöhte Verletzungsgefahr, bedingt durch auftretenden Muskelkater oder motorisch zu anspruchsvolle Übungen. Eine Leistungsdiagnostik der Kraftfähigkeiten ist mit Hilfe von Testformen erstellbar (siehe Seite 67).

Die Periodisierung

Damit das Krafttraining zu dem gewünschten Erfolg führt, ist ein allgemeines Krafttraining zum Aufbau der Muskulatur unbedingt notwendig. Dieses Training ist besonders in den unteren Leistungsbereichen über mehrere Wochen (für einen optimalen Erfolg sind sechs Wochen nötig) durchzuführen. Erst ab einem bestimmten Leistungsniveau sollte mit dem speziellen Krafttraining begonnen werden. In den unteren Klassen, in denen nur dreimal wöchentlich trainiert wird, ist ein allgemeines Krafttraining völlig ausreichend.

Die Periodisierung des Krafttrainings

Erst ab vier und mehr Trainingseinheiten in der Woche kann auch ein spezielles Krafttraining durchgeführt werden. Spieler, die selbständig weitere Trainingseinheiten durchführen wollen, sollten dies zumindest in den ersten Monaten unter Aufsicht tun, damit sich keine Fehler einschleichen, die später schwer zu beseitigen sind.
Wer in seiner Stadt oder in seiner näheren Umgebung einen Leichtathletikverein hat, sollte dort anfragen, ob er mittrainieren kann, da in diesen Vereinen meistens ein sehr gutes Training angeboten wird. Gute Leichtathletikvereine verfügen außerdem über einen speziell ausgebildeten Trainerstab. Einige Bundesligavereine (1. FC Köln, FC St. Pauli, Borussia Mönchengladbach etc.) werden von Leichtathletiktrainern konditionell betreut.

Die Effektivität

Das Training wird vom Leichten zum Schweren aufgebaut.

Eine Trainingsmethode ist dann als effektiv anzusehen, wenn mit ihr ein schneller Leistungszuwachs erzielt wird. Der Aufbau einer Trainingseinheit (Prinzip der richtigen Belastungsfolge) ist genau zu planen. Ein Sprinttraining nach einer intensiven Ausdauerbelastung ist völlig uneffektiv. Von entscheidender Bedeutung für eine kontinuierliche Leistungssteigerung ist, daß alle für das Fußballspiel wichtigen konditionellen Voraussetzungen gleichzeitig trainiert werden. Nur so können muskuläre Dysbalancen und damit verbundene Verletzungen vermieden werden. Das Training sollte außerdem variabel gestaltet werden. Die ewig gleichen Trainingsmittel können neben der auftretenden Langeweile auch zu einem motorisch-dynamischen Stereotyp führen, der in bestimmten Bereichen eine weitere Leistungssteigerung verhindert. Beim Krafttraining ist vom Leichten zum Schweren zu gehen. Dies könnte folgendermaßen aussehen:
Sprungübungen ohne Zusatzbelastung $\rightrightarrows$ Krafttraining mit der Freihantel $\rightrightarrows$ Sprungübungen mit Zusatzlasten $\rightrightarrows$ Niedersprungtraining

Der Muskelkater

Muskelkater ist die Antwort des menschlichen Organismus auf eine zu hohe physische Belastung. Für das Entstehen von Muskelkater gibt es mehrere Theorien.

Die eine nimmt an, daß es durch eine Erhöhung der Milchsäurekonzentration zu einer Reizung der Nerven im Muskelgewebe kommt. Da Milchsäure allerdings erst bei anaerober Belastung auftritt und auch bei aerober Belastung schon Muskelkater nachgewiesen werden konnte, ist die zweite Theorie wahrscheinlicher.
Diese nimmt an, daß durch zu große Belastungen kleinste Muskelverletzungen (Läsionen) auftreten, die eine Entzündung auslösen, die zu der bekannten schmerzhaften Steifheit führt. Wer einen Muskelkater hat, sollte nur in Maßen weitertrainieren.

Muskuläre Dysbalancen

Muskuläre Dysbalancen sind im Fußball ein weitverbreitetes Symptom.

Darunter versteht man muskuläre Ungleichgewichte zwischen Muskelgruppen, die in einem funktionellen Zusammenhang stehen, wie z.B. die Oberschenkelvorder- und -rückseite. Sie entstehen durch zu einseitiges Training. Hinzu kommt, daß es Muskeln gibt, die zur Verkürzung neigen und andere die zur Abschwächung neigen.
Zu den Muskeln, die zur Verkürzung neigen, gehören: die Hüftbeugemuskulatur (M. iliopsoas, M. rectus femoris, M. tensor fasciae latea), der Wadenmuskel (M. Gastrocnemius), die Adduktoren, die Oberschenkelrückseite (ischiocrurale Muskulatur) und der untere Anteil des Rückenstreckers (M. erector spinae).
Zur Abschwächung neigen folgende Muskeln: die gerade und schräge Bauchmuskulatur (Abdominale Muskulatur), der große und mittlere Gesäßmuskel (M. gluteus maximus und medius), der Rückenmuskel (M. latissimus dorsi) und der untere und mittlere Anteil des Trapezmuskels.
Während meiner Tätigkeit als Konditionstrainer konnte ich feststellen, daß mehr als die Hälfte der Mannschaft verkürzte Hüftbeugemuskeln hatte.
Für die oben aufgeführten verkürzten Muskeln empfiehlt sich ein regelmäßig durchgeführtes Stretchingprogramm (siehe Trainingsbegleiter). Für die zur Abschwächung neigenden Muskeln muß ein gezieltes Muskelaufbautraining absolviert werden.
Verkürzte oder vernachlässigte Muskelgruppen erhöhen nicht nur das Verletzungsrisiko, sondern führen zu einer verschlechterten Koordination aller Bewegungen. Zu

den typischen Beschwerdebildern eines Fußballspielers gehören Leistenschmerzen, Rückenschmerzen und Knieschmerzen. Sie könnten oftmals durch ein variabel gestaltetes Trainingsprogramm vermieden werden.

Die Periodisierung des Krafttrainings

Periodisierungsbeispiele

Man unterscheidet die *Vorbereitungsperiode* (VP), die *Wettkampfperiode* (WP) und die *Übergangsperiode* (ÜP). Im Sommer beträgt die Vorbereitungsperiode etwa sechs Wochen, was für einen effektiven Trainingsaufbau im Kraftbereich bei wenig trainierten Spielern sehr knapp bemessen ist. Die Winterpause ist mittlerweile annähernd drei Monate lang und eignet sich sowohl für ein effektiv aufgebautes Kraft- als auch Schnelligkeitstraining, da entsprechende Anpassungserscheinungen im Bereich der Kraft und der Schnelligkeit etwa sechs Wochen benötigen. Die Trainingsphasen in der Winterpause möchte ich daher in die Vorbereitungsperiode 1 (VP 1) und Vorbereitungsperiode 2 (VP 2) unterteilen. Wenig trainierten Spielern, Spieler, die noch nie an Geräten gearbeitet haben, und allen, die ihr Trainingspensum erhöhen möchten, empfehle ich, die lange Phase der Winterpause für ein optimal aufgebautes und intensives Kraft- und Schnelligkeitstraining zu nutzen. Die nachfolgenden Trainingsbeispiele sollen dabei helfen, die richtigen Programme zum richtigen Zeitpunkt durchzuführen.

Trainingsbeispiele

Die ersten Trainingsbeispiele sind für die Spieler gedacht, die bisher rein fußballspezifisch gearbeitet haben und noch keine Krafteinheiten durchgeführt haben. Wie bereits erwähnt, empfehle ich diesen Spielern, die Krafteinheiten über einen Zeitraum von sechs Wochen durchzuführen, wobei sich vor allem die Winterpause eignet. Wer in der kurzen Phase der Sommerpause erstmals mit einem Konditionstraining beginnt, riskiert schnell einen Übertrainingszustand und damit Leistungseinbußen. Idealerweise sollten zwei Krafteinheiten in der Woche durchgeführt werden.

Im allgemeinen benötigt der Körper sechs Wochen, bis es zu Anpassungserscheinungen kommt.

Zum einen kommt es so schneller zu Anpassungser-

scheinungen, zum anderen kann man sich auf diese Weise schnell eine gute Technik erarbeiten. Die Einheiten sollten grundsätzlich unter Aufsicht durchgeführt werden. Einmal vorhandene Fehler in der Bewegungsausführung sind später nur schwer wieder zu beseitigen. Die Dosierung sollte so gewählt werden, daß kein oder nur ein leichter Muskelkater auftritt. Gerade bei Anfängern läßt sich ein Muskelkater in den ersten Einheiten wahrscheinlich kaum vermeiden.
Ich möchte nachfolgend drei verschiedene Krafteinheiten vorstellen, die zu Beginn einer Trainingsperiode als allgemeines Krafttraining durchgeführt werden können. Die Einheiten sollten im Wochenplan so gelegt werden, daß zwei oder drei Tage dazwischen liegen (z. B. Dienstag und Freitag). Für die Einheiten ist insgesamt ein Zeitraum von 90 bis 120 Minuten zu veranschlagen. Die Inhalte der in jeder Einheit durchgeführten Auf- und Abwärmphasen sowie die Dehnungsphasen können späteren Ausführungen entnommen werden.

Trainingsbeispiele für ein allgemeines Krafttraining

Die Pausengestaltung ist von entscheidender Bedeutung.

1. Trainingsbeispiel (ohne Hilfsgeräte)

- Einlaufen, Dehnung, drei lockere Steigerungsläufe
- 3×30 m Kniehebeläufe (Pause 3 min)
- 3×10 Ausfallschrittgehen (Pause 2 min)
- 3×12 Schlittschuhsprünge (Pause 2 min)
- 2 lockere Steigerungsläufe über 60–80 m
- 3×10er Sprunglauf auf Weite (Pause 3 min)
- 2×10er Einbeinsprünge rechts und links (Pause 3 min)
- 5 Koordinationsläufe über 50 m (Pause 2 min)
- Auslaufen

2. Trainingsbeispiel (im Kraftraum)

- Einlaufen, Dehnung, drei lockere Steigerungsläufe
- 3 submaximale Sprintabläufe über 30 m
- 3×30 m Kniehebeläufe (Pause 3 min)
- 3×10er Sprunglauf auf Weite (Pause 3 min)

anschließend Kraftraum:

- 4 Serien à 8 Wiederholungen und drei Minuten Pause mit folgenden Übungen: halbe Kniebeugen, Training der

Schußbeinmuskulatur, Training der hinteren Oberschenkelmuskulatur.

– Training der Bauch- und Rückenmuskulatur = 3 Serien mit maximaler Wiederholungszahl

– 5 submaximale Abläufe über 30 bis 50 m

3. Trainingsbeispiel (Circuittraining)

– Einlaufen, Dehnung, drei lockere Steigerungsläufe

– Drei Durchgänge Circuittraining an zehn Stationen mit 30 Sekunden Belastung und 30 Sekunden Pause. Die Serienpause beträgt fünf Minuten. An dieser Stelle noch einmal der Hinweis, daß bei der Auswahl der Übungen darauf zu achten ist, daß alle wichtigen Muskelgruppen trainiert werden und daß nicht die gleiche Muskelgruppe an zwei aufeinanderfolgenden Geräten trainiert wird. Eine umfassende Auswahl an Übungen ist ab Seite 38 zu finden.

Bei allen drei Trainingsbeispielen ist es von besonderer Wichtigkeit, daß die technische Ausführung der Bewegungen richtig ist. Bei falscher Bewegungsausführung kann es schnell zu Abnutzungserscheinungen, Verletzungen und unnötigem Belastungsabbruch kommen. Der Spieler muß konzentriert und motiviert mitarbeiten.

Beim Krafttraining ist immer auf eine gute Bewegungsausführung zu achten.

Eine Intensitätssteigerung sollte bei vorher wenig trainierten Spielern nach vier bis sechs Wochen erfolgen. Hochtrainierte und gut ausgebildete Athleten können die allgemeinen Krafteinheiten auf drei Wochen reduzieren, um mit dem speziellen Krafttraining zu beginnen.
Dies gilt besonders in der Vorbereitungsperiode des Sommers, da in dieser Zeit nur insgesamt sechs Wochen zur Verfügung stehen.
Den weniger Trainierten reichen die Kraftreize, die beim allgemeinen Krafttraining gesetzt werden, zunächst aus.
In der Wettkampfphase mit einem speziellen Krafttraining zu beginnen ist nur bedingt ratsam, da die erheblich höheren Anforderungen schnell zu einem Übertrainingszustand führen können, der sich negativ auf die Spielleistung auswirken kann. Deshalb sei hier noch einmal der Verweis auf die Wintervorbereitung gegeben, in der ausreichend Zeit ist, auch ein spezielles Krafttraining zu beginnen.

Trainingsbeispiele für ein spezielles Krafttraining

Das spezielle Krafttraining schließt sich dem allgemeinen Krafttraining an.

1. Trainingsbeispiel

– Einlaufen, Dehnung, drei lockere Steigerungsläufe
– Drei submaximale Sprints über 30 m (2 min Pause)
– 3×15 m Skippings mit hoher Frequenz (3 min Pause)
– 3×10er Sprunglauf auf Schnelligkeit (3 min Pause)
– 3×10er Einbeinsprünge rechts und links (3 min Pause)
– 3×8 Kastenaufsprünge (3 min Pause)
– Zwei lockere Steigerungsläufe über 60 bis 80 Meter
– Training der Rumpfmuskulatur

2. Trainingsbeispiel

– Einlaufen, Dehnung, drei lockere Steigerungsläufe
– Drei submaximale Sprints über 30 Meter (2 min Pause)
– 3×15 m Skippings mit hoher Frequenz (3 min Pause)
– 3×10er Sprunglauf auf Schnelligkeit (3 min Pause)
anschließend Kraftraum:
– Maximalkrafttraining halbe Kniebeuge (Trainingsaufbau siehe Seite 38)
– Schnellkrafttraining für die Wadenmuskulatur und die Schußbeinmuskulatur: 4 Serien à 8 Wiederholungen mit 80% der Maximalkraftleistung bei schneller Bewegungsausführung
– Training der Rumpfmuskulatur

3. Trainingsbeispiel

– Einlaufen, Dehnung, drei lockere Steigerungsläufe
– Drei submaximale Abläufe über 30 m (2 min Pause)
– 5×10 Fußgelenksprünge (schnelle Ausführung, kurze Bodenkontaktzeiten)
– 3×8 Hockstrecksprünge (schnelle Ausführung mit kurzen Bodenkontaktzeiten)
– 6×8 Hürdensprünge (schnelle Ausführung, kurze Bodenkontaktzeiten)
– 4×8 Kastensprünge (konträres Krafttraining)
– Drei Steigerungen über 60 m
– Koordinationstrainingsformen mit dem Ball
– Auslaufen und Entmüden

4. Trainingsbeispiel: Krafttraining in der Wettkampfphase

Während der Saison sollte das Krafttraining als sogenanntes Erhaltungstraining wenigstens einmal wöchentlich weitergeführt werden. Die durch fußballspezifische Trainingsformen gesetzten Reize reichen einem Spieler nicht aus, um sein Leistungsniveau zu halten. Die Krafteinheit ist möglichst mehrere Tage vor dem nächsten Spiel durchzuführen, um ausreichend Zeit für die Regeneration zu haben. Die Belastung richtet sich nach den im letzten Teil der Vorbereitungsphase erbrachten Leistungen. Das Training der Schnell- und Maximalkraft sollte dabei im Vordergrund stehen, um auf diese Weise auch die Sprintfähigkeiten weiterhin auf einem hohen Niveau zu halten. Die Spieler, die bisher noch kein spezielles Krafttraining durchgeführt haben, sollten während der Wettkampfphase das allgemeine Krafttraining ebenfalls so ausrichten, daß die Schnellkraft trainiert wird (horizontale Sprünge, schnellkräftige Circuits).

Es ist erwiesen, daß ein einmal wöchentlich stattfindendes Erhaltungstraining ausreicht, um den Leistungsstand zu halten. Das ist von besonderer Bedeutung für die nächste Vorbereitungsphase, da das Training auf einem viel höheren Niveau stattfinden kann. Dies ist in der Trainingsplanung zu berücksichtigen. Die zu Beginn der Vorbereitung durchgeführte Leistungsdiagnostik kann dabei eine wertvolle Hilfe sein.

Testformen zur Überprüfung der Kraftfähigkeiten

Mit leistungsdiagnostischen Tests kann die individuelle Leistungsfähigkeit ermittelt werden.

Neben den bereits beschriebenen Methoden zur Feststellung der Maximalkraftfähigkeit gibt es weitere Möglichkeiten, das individuelle Leistungsvermögen eines Spielers auszutesten. Als Testformen zur Überprüfung der Kraftfähigkeiten eignen sich folgende Methoden:

1. Jump-and-Reach-Test zur Feststellung der Schnellkraft der Beinmuskulatur

Der Spieler stellt sich mit präparierten Fingerkuppen (Kreide, Magnesia) an eine Wand, streckt beide Arme in die Hochhalte, ohne dabei die Fersen abzuheben, und markiert mit seinem Mittelfinger die maximale Reichhöhe.

Beim Jump-and-Reach-Test ist vor allem die Explosivkraft gefordert. Wichtig ist ein guter Abdruck.

Anschließend stellt er sich seitlings, springt beidbeinig nach oben ab und markiert an der Wand die Sprunghöhe im höchsten Punkt der Flugphase.
Dann versucht der Spieler aus dem Stand so hoch wie möglich zu springen und mit seinen Fingern den höchsten Punkt zu markieren.

Gemessen wird der vertikale Abstand zwischen Reichhöhe und Sprunghöhe in Zentimetern. Dem Spieler sollten einige Testversuche gestattet werden, um dann drei Wertungssprünge zu absolvieren, von denen der beste gewertet wird.

Nachfolgende Tabelle gibt Aufschluß über die Leistungsfähigkeit:

unter 40 cm	schwach
40–50 cm	mäßig
50–60 cm	gut
über 60 cm	sehr gut

2. Sprunglauftest zur Überprüfung der Schnellkraftfähigkeiten

Aufgabe des Spielers ist es, einen 10er Sprunglauf auf Weite zu absolvieren. Er hat sieben Schritte Anlauf.

Nachfolgende Tabelle gibt Aufschluß über die Leistungsfähigkeit:

unter 24 m	schwach
24–28 m	mäßig
28–32 m	gut
über 32 m	sehr gut

3. Standweitsprung

Der Spieler springt beidbeinig von einer markierten Absprunglinie möglichst weit nach vorne und landet wieder mit beiden Beinen. Bei der Landung darf nicht mit der Hand nach hinten gegriffen werden. Gemessen wird der Abstand zwischen Absprunglinie und hinterem Landeabdruck. Der Spieler hat drei Versuche.

Die Leistungsdiagnostik sollte in regelmäßigen Abständen durchgeführt werden, um Defizite aufzudecken und beseitigen zu können.

Nachfolgende Tabelle gibt Aufschluß über die Leistungsfähigkeit:

unter 2 m	schlecht
2 m – 2,20 m	mäßig
2,20–2,50 m	gut
über 2,50 m	sehr gut

Vor der Durchführung von Testformen hat der Spieler ein ausreichend intensives Aufwärmprogramm zu absolvieren.

Das Schnelligkeitstraining

Die Schnelligkeitsfähigkeit setzt sich aus vielen Faktoren zusammen.

Schnelligkeit stellt die Fähigkeit eines Spielers dar, motorische Aktionen in einem unter den gegebenen Bedingungen minimalen Zeitabschnitt zu absolvieren. Im Bereich des Fußballs handelt es sich dabei um eine sehr komplexe Fähigkeit, die sich nach Weineck aus mehreren Faktoren zusammensetzt:

- **Wahrnehmungsschnelligkeit** – Die Fähigkeit zur möglichst schnellen Wahrnehmung von Spielsituationen und ihren Veränderungen.
- **Antizipationsschnelligkeit** – Die geistige Vorwegnahme von Spielsituationen oder Aktionen des Gegners in sehr kurzer Zeit.
- **Entscheidungsschnelligkeit** – Die Fähigkeit, sich in kürzester Zeit für die richtige Handlung zu entscheiden.
- **Handlungsschnelligkeit** – Die Fähigkeit, effektiv und möglichst schnell unter Einbeziehung seiner kognitiven, technisch-taktischen und konditionellen Möglichkeiten zu handeln.
- **Aktionsschnelligkeit** – Die Fähigkeit, spielspezifische Handlungen mit Ball, auch unter Zeitdruck und Einfluß des Gegners, schnell durchzuführen.
- **Zyklische und azyklische Bewegungsschnelligkeit** – Die Fähigkeit zur schnellen Ausführung von zyklischen und azyklischen Bewegungen.

Im Rahmen dieses Buches möchte ich nur auf die konditionellen Teilaspekte der zyklischen und azyklischen Bewegungsschnelligkeit und der Aktionsschnelligkeit eingehen. Das bedeutet nicht, daß die anderen aufgeführten Fähigkeiten nicht genauso wichtig sind. Sie sind al-

lerdings am besten im Spiel oder unter spielähnlichen Bedingungen zu trainieren.
Zu den zyklischen Bewegungsformen gehören Antritte und Läufe, die zu bestimmten Aktionen führen, wie Lauf zum Ball, Gegner oder Mitspieler, sich vom Gegner lösen, in den freien Raum laufen oder der vorbereitende Lauf zum Sprung (Kopfball).
Zu den azyklischen Bewegungsformen zählen Sprünge, Drehungen, Tacklings, abrupte Stoppbewegungen oder Finten.
Bewegungsschnelligkeit unterteilt sich weiterhin in die Fähigkeit, schnelle Einzelbewegungen durchführen zu können und eine maximale Bewegungsschnelligkeit zu erreichen.
Die Beschleunigungsgeschwindigkeit differenziert sich wiederum in Beschleunigungsfähigkeit und lokomotorische Schnelligkeit. Bei der Beschleunigungsfähigkeit geht es darum, dem Körper eine maximale Beschleunigung zu erteilen. Lokomotorische Schnelligkeit charakterisiert sich in der Fähigkeit, nach der Startphase eine möglichst hohe Geschwindigkeit zu erreichen.
Im Rahmen des Fußballspiels unterteilen sich die zyklischen Bewegungsformen in Grundschnelligkeit (Antrittsschnelligkeit), Sprintausdauer und Schnelligkeitsausdauer, worauf ich im folgenden noch spezifisch eingehen werde.

Bei der zyklischen und azyklischen Schnelligkeit sind vier Faktoren von besonderer Bedeutung:

- Die Reaktionszeit
- Die Geschwindigkeit einer Einzelbewegung
- Die Bewegungsfrequenz
- Die Fortbewegungsgeschwindigkeit

Der Fußballer muß sowohl die zyklische als auch die azyklische Schnelligkeit trainieren.

Unter Reaktionszeit wird die Fähigkeit verstanden, auf ein Signal oder auch auf eine Situation hin möglichst schnell zu reagieren. Die drei anderen Faktoren sind abhängig von:

- Der dynamischen Kraft der Muskulatur
- Der Koordination
- Der Kontraktionsgeschwindigkeit
- Der Viskosität des Muskels

- Den anthropometrischen Merkmalen (körperbauliche Merkmale)
- Der Flexibilität

Die Voraussetzungen für Schnelligkeitsleistungen

Der optimale Wechsel zwischen Erregung und Hemmung beeinflußt die Schnelligkeitsleistung.

Die Voraussetzungen für hohe Schnelligkeitsleistungen sind an das zentrale Nervensystem (ZNS), an das neuromuskuläre System und an den Energiestoffwechsel gebunden.

Zentralnervale Voraussetzungen

Schnelligkeitsleistungen sind vor allem an einen hohen Willenseinsatz gebunden. Die Motivation und die Einstellung des Sportlers spielen eine entscheidende Rolle. Im Rahmen des Sprinttrainings müssen zentralnervale Bewegungsprogramme entwickelt werden, die dem Spieler die Fähigkeit geben, die erforderlichen Längen- und Spannungsänderungen in der Muskulatur zu veranlassen.

Für einen reibungslosen Ablauf dieser Vorgänge ist eine schnelle Beweglichkeit der zentralnervalen Prozesse (Erregung und Hemmung) notwendig. Zyklische Bewegungen können nur dann mit großer Schnelligkeit durchgeführt werden, wenn es zu einem optimalen Wechsel zwischen Erregung und Hemmung kommt. Eine optimale inter- und intramuskuläre Koordination ist notwendig, damit es zu einem effektiven Zusammenspiel zwischen Agonisten (Muskeln, die primär eine Bewegung erzeugen) und Antagonisten (wirken der eigentlichen Bewegung des Agonisten entgegen) kommt.

Bei noch wenig trainierten Spielern kommt es durch die ungenaue Steuerung und Regelung des Muskeleinsatzes zu einem erhöhten Muskeleinsatz. Es werden mehr motorische Einheiten eingesetzt, als für den Bewegungsablauf nötig sind. Daraus resultiert ein erhöhter Energieverbrauch und schnellere Ermüdung. Des weiteren wirkt sich der Einsatz eigentlich nicht benötigter Muskelkräfte negativ auf die Schnelligkeitsleistung aus.

Muskuläre Voraussetzungen

Die Schnelligkeit ist anlagebedingt. Die Fähigkeit, hohe Schnelligkeitsleistungen zu vollbringen, ist an die großen motorischen Einheiten gebunden. Spieler mit einem höheren Anteil an FT-Fasern haben eindeutige Vorteile, da die Schnelligkeit nicht in gleichem Umfang trainierbar ist wie die Kraft oder die Ausdauer.

- Cardiopulmonale und cardiovaskuläre Voraussetzungen:

Hauptaufgabe dieser Systeme ist der schnelle Transport von Energieträgern, Hormonen und Stoffwechselabbauprodukten sowie die Sicherung der Thermoregulation. Eine gute Reaktionsfähigkeit dieser Systeme garantiert einen reibungslosen Ablauf.

- Neurohormonale Voraussetzungen:

Bei den neurohormonalen Voraussetzungen spielt die Sympathikotonie und die damit zusammenhängende Ausschüttung von Katecholaminen eine entscheidende Rolle. Bei der Sympathikotonie handelt es sich um einen erhöhten Erregungszustand des vegetativen Nervensystems, der die zum erfolgreichen Leistungsvollzug erforderliche Leistungsbereitschaft aufrechterhält.

Um Überlastungen zu vermeiden, sind physiologische Kenntnisse von großer Bedeutung für den Trainingsprozeß.

- Voraussetzungen des Stütz- und Bewegungssystems:

Schnelligkeitsleistungen sind mit einem hohen Beanspruchungsgrad der an der Kraftübertragung beteiligten Elemente des Stütz- und Bewegungsapparates verbunden. Aufgrund der unterschiedlichen Adaptationsprozesse in der Muskulatur und im Binde- und Stützgewebe kann es häufig zu einem Mißverhältnis zwischen Beanspruchung und Beanspruchbarkeit kommen. Schnelligkeitsbelastungen im ermüdeten Zustand können zu Verletzungen führen und sind uneffektiv, da keine Leistungssteigerungen zu erwarten sind. Im Kapitel »Die Trainingsplanung« wird noch ausführlich auf die Adaptationsmechanismen eingegangen.

Weitere leistungsbestimmende Faktoren sind die Flexibilität, die Muskelelastizität und die optimale Entspannung der Muskulatur, obwohl diese für die aktive Bewegung selbst nicht nötig ist.

Strauzenberg, Gürtler, Hanneman und Tittel haben zur Vereinfachung nachfolgende schematische Darstellung der Begriffsinhalte der verschiedenen Schnelligkeitsformen aus sportmethodischer, physiologischer und biochemischer Sicht vorgenommen:

Gute Schnelligkeitsleistungen sind von vielen Faktoren abhängig.

Bewegungsschnelligkeit

sportmethodisch:	Komplexe konditionelle Fähigkeit, um Einzelbewegungen mit höchstmöglicher Geschwindigkeit ausführen zu können.
physiologisch:	Rekrutierung möglichst vieler motorischer Einheiten zum gleichen Zeitpunkt in den jeweils am Bewegungsablauf beteiligten Muskeln bei bevorzugtem Einsatz der FT-Fasern. Es werden höchste Anforderungen an die Schnelligkeit und Genauigkeit der Bewegungssteuerung und -regelung benötigt.
biochemisch:	Größtmögliche und schnelle Kalziumfreisetzung im Muskel. Höchste Aktivierung der Myokinase in am Bewegungsablauf beteiligten Muskeln. Resynthese des ATP durch Kreatinphosphat.

Beschleunigungsfähigkeit

sportmethodisch:	Komplexe konditionelle Fähigkeit zum Beschleunigen des Körpers bei schnellen zyklischen Körperübungen.
physiologisch:	Rekrutierung möglichst vieler motorischer Einheiten zum gleichen Zeitpunkt bei Bevorzugung von FT-Fasern. Höchste Anforderungen an die Schnelligkeit und Genauigkeit der Bewegungssteuerung und -regelung.
biochemisch:	Größtmögliche und schnelle Kalziumfreisetzung im Muskel bei je-

	der Einzelbewegung. Höchste Aktivierung der Myokinase. Resynthese des ATP durch Kreatinphosphat und Glykolyse.

Lokomotorische Schnelligkeit

sportmethodisch:	Komplexe konditionelle Fähigkeit zum Erzielen hoher Geschwindigkeit nach der Beschleunigungsphase bei schnellen zyklischen Körperübungen.
physiologisch:	Rekrutierung möglichst vieler motorischer Einheiten zum gleichen Zeitpunkt bei Bevorzugung von FT-Fasern unter Einbeziehung von S-Fasern. Hohe Anforderungen an die Schnelligkeit und Genauigkeit der Bewegungssteuerung und -regelung.
biochemisch:	Größtmögliche und schnelle Kalziumfreisetzung im Muskel bei jeder Einzelbewegung. Höchste Aktivierung der Myokinase. Resynthese des ATP durch Kreatinphosphat, die Glykolyse und aerobe Prozesse.

Die verschiedenen Arten der Schnelligkeit

Die wichtigsten Schnelligkeitseigenschaften eines Fußballspielers sind die Antrittsschnelligkeit, die Sprintausdauer und die Schnelligkeitsausdauer.

Schnelligkeit ist nicht nur die Fähigkeit, schnell laufen zu können.

Die Antrittsschnelligkeit

Die Antrittsschnelligkeit ist der wichtigste leistungsbestimmende Faktor. Wenn Spieler über eine ausgeprägte Antrittsschnelligkeit verfügen, sind sie in der Lage, ein erfolgreiches Angriffs- und Abwehrspiel durchzuführen. Im Rahmen zahlreicher Spielanalysen konnte festgestellt werden, daß ein Fußballspieler während eines

Spiels etwa 40 bis 100 kurze Sprints absolvieren muß, die eine Gesamtlänge von 800 bis 1600 Meter ausmachen. Dabei wurde selten mehr als 20 Meter am Stück gesprintet. Im Rahmen eines reinen Sprinttrainings sollten die Läufe nicht länger als 25 Meter sein.

Physiologische Grundlagen der Antrittsschnelligkeit

Durch ein gezieltes Training können die für die Leistung wichtigen physiologischen Parameter verbessert werden.

Wie bereits erwähnt, stellt die Faserzusammensetzung der Muskulatur eine entscheidende, leistungsbestimmende Komponente dar. Spieler, die anlagebedingt über einen höheren Anteil an FT-Fasern verfügen, haben entscheidende Vorteile. Des weiteren bestimmt die Energiebereitstellung in der Muskelzelle die Schnelligkeitsfähigkeit. Der in der Muskelzelle vorhandene ATP-Speicher reicht für etwa zwei bis drei Sekunden, der Kreatinphosphatspeicher für etwa sechs bis zehn Sekunden. Werden maximale Schnelligkeitsläufe durchgeführt, kommt es zu einer etwa 600fachen Steigerung des ATP-Umsatzes. Diese Umsatzsteigerung ist nur durch die Ausschüttung von Katecholaminen (Adrenalin und Noradrenalin) möglich. Die ATP-Speicher werden über die Kreatinphosphatspeicher resynthetisiert. Der Kreatinphosphatspeicher benötigt etwa drei Sekunden bis er wieder aufgefüllt ist. In diesem Zusammenhang spielt die verfügbare Menge an Sauerstoff eine wichtige Rolle.

Spieler, die über eine gute Grundlagenausdauer und damit über eine erhöhte Sauerstoffaufnahmekapazität verfügen, können die Kreatinphosphatspeicher schneller und öfter auffüllen. Man spricht in diesem Zusammenhang von anaerober alaktazider Energiebereitstellung.

Fallen hingegen längere Laufstrecken an oder kommt es zu schnell aufeinanderfolgenden Läufen, in denen die Speicher nicht ausreichend aufgefüllt werden können, gewinnt die Glykolyse (Verbrennung von Zucker ohne Sauerstoff) an Bedeutung. Hier spricht man von anaerober laktazider Energiebereitstellung.

Durch richtiges Training können die Kreatinphosphat- und Glykogenspeicher vergrößert werden, wodurch die Kontraktionsgeschwindigkeit des Muskels ansteigt. Unter richtigem Training versteht man in diesem Falle ein Training im maximalen Schnelligkeitsbereich, mit optimaler und individueller Pausengestaltung. Die Effektivität eines solchen Trainings ist abhängig vom Motivationszustand des Spielers. Ein Trainingsspiel kann effektiver sein als ein lustlos durchgeführtes Sprinttraining.

Die Sprintausdauer

Unter Sprintausdauer versteht man die Fähigkeit eines Spielers, während des gesamten Spiels eine Vielzahl von maximalen Sprints zu absolvieren, ohne daß es zu nennenswerten Leistungseinbußen kommt. Daher ist es besonders wichtig, daß der Spieler über eine gute Erholungsfähigkeit verfügt.

Die Erholungsfähigkeit ist von folgenden Faktoren abhängig:

- Vom Muskelfasertyp: Spieler, die über einen höheren Anteil an FT-Fasern verfügen, erholen sich schneller von maximalen Sprintbelastungen.
- Von den Energievorräten in der Muskulatur und der Fähigkeit, diese umzusetzen.
- Vom Niveau der Grundlagenausdauer. Spieler, die über eine gute Grundlagenausdauer verfügen, erholen sich schneller.

Die Schnelligkeitsausdauer

Die Schnelligkeitsausdauer und die anaerobe Leistungsfähigkeit stehen in engem Zusammenhang.

Die Fähigkeit, höchste Geschwindigkeiten über einen längeren Zeitraum aufrechterhalten zu können, bezeichnet man als Sprintausdauer. Hier spielt die anaerobe Energiebereitstellung eine wichtige Rolle. Da ein Fußballer während eines Spiels sehr selten Strecken von über 30 m zu sprinten hat, spielt die Schnelligkeitsausdauer nur eine untergeordnete Rolle. Wenn man ein spezifisches Schnelligkeitsausdauertraining zu häufig durchführt, kann es durch Übertrainingserscheinungen sogar zu Leistungseinbußen kommen.
Sie ist eher im Rahmen von Übungsspielen, z. B. Spielen in kleinen Gruppen, trainierbar. Aber auch hier ist Vorsicht geboten, da die Spieler im Rahmen dieser Trainingsform leicht in den laktaziden Bereich kommen, was Ermüdung und Überforderung provoziert.

Methoden des Schnelligkeitstrainings

Hohe Reize sind notwendig, um die Schnelligkeit zu trainieren.

Ziel eines Schnelligkeitstrainings im Fußball ist es, den Spieler zu maximaler bzw. optimaler Fortbewegungsschnelligkeit zu bringen. Das schließt sowohl den Lauf mit als auch den Lauf ohne Ball ein. Anders als ein Leichtathlet muß der Fußballspieler zusätzlich in der Lage sein, seine zyklische Bewegung in eine azyklische Bewegung (Ballabgabe und -annahme, Torschuß etc.) umzusetzen.

Ein Schnelligkeitstraining sollte auf vier Ebenen stattfinden:

- Allgemeine Koordinationsschulung durch Laufschulung
- Verbesserung des Start- und Reaktionsvermögens durch disziplinnahe Trainingsformen
- Schnelligkeitstraining durch fußballspezifische Trainingsformen mit Ball
- Krafttraining

Im Schnelligkeitstraining sind hinsichtlich der einzelnen Belastungskomponenten folgende metabolische Aspekte zu beachten:

- Die Reizintensität ist sehr hoch und sollte stets maximal sein. Nur auf diese Weise kann man effektiven Einfluß auf die Verbesserung der Arbeitsfähigkeit des neuromuskulären Systems nehmen. Die Sprintstrekke sollte dabei 25 m nicht überschreiten.
- Die Reizdichte muß individuell so gestaltet sein, daß ein optimales Verhältnis von Erholung und Belastung gewährleistet ist. Der Körper benötigt entsprechende Pausen, um die durch die maximale Reizintensität

bedingte hohe neuromuskuläre Belastung zu kompensieren.
In der Pause sollte locker getrabt oder gegangen werden, um ein Abklingen der Erregung des Nerv-Muskel-Systems zu verhindern. Die Pausendauer sollte je nach Belastungsintensität drei bis fünf Minuten betragen.

- Die Reizdauer darf nur so lang sein, daß maximale Reize möglich sind. Sie darf also zwei bis fünf Sekunden nicht überschreiten.
- Der Reizumfang ist relativ gering. Er richtet sich nach der Leistungsstärke des Spielers.

Bestimmte Formen der Schnelligkeit lassen sich gut in Spielformen trainieren.

Die **Wiederholungsmethode** bietet sich als effektivste Vorgehensweise zur Verbesserung der Sprintfähigkeit an. Sie ermöglicht die Wiederherstellung der Leistungsfähigkeit nach der Belastung, wobei die qualitativen Merkmale der Intensität, der Streckenlänge und der Pause von grundlegender Bedeutung sind. Die Stoffwechsellage sollte sich während und nach der Schnelligkeitsbelastung vorwiegend im alaktaziden Bereich befinden (nicht wesentlich höher als 6 mmol/l Laktat). Zu kurze Pausen bei den maximalen Belastungen sprechen bereits den glykolytischen Stoffwechselbereich an (Laktatbildung liegt weit über 6 mmol/l Laktat). Das führt dazu, daß nicht die Schnelligkeit, sondern die Schnelligkeitsausdauer trainiert wird.
Mit dem Schnelligkeitstraining sollte schon relativ früh begonnen werden. Das gilt besonders für die bereits auf einem sehr hohen Niveau stehenden Spieler, um die in der Wettkampfsaison erreichte Schnelligkeitsfähigkeit nicht allzusehr absinken zu lassen. Das Training schließt sowohl Sprints ohne als auch mit Ball ein.
Eine weitere Methode des Schnelligkeitstrainings stellt das **intensive Intervalltraining** dar. Es ist aufgrund der nicht vollständigen Erholung zwischen den Belastungsphasen fußballspezifischer, hat aber auch den Nachteil, daß keine maximalen Krafteinsätze möglich sind. Dadurch ist der Trainingseffekt bezüglich der Schnelligkeitsentwicklung geringer als bei der Wiederholungsmethode.
Als letzte Methode möchte ich Ihnen noch das **spielintegrierte Schnelligkeitstraining** vorstellen. Es hat den großen Vorteil, sehr fußballspezifisch zu sein und so die für

den Fußballspieler notwendigen speziellen Trainingsreize zu setzen.
Im Rahmen dieser Trainingsform werden gleichzeitig die bereits erwähnten, ebenfalls zur Schnelligkeit gehörenden Komponenten wie Wahrnehmungs-, Antizipations-, Reaktions-, Aktions- und Handlungsschnelligkeit optimal trainiert.

In einem Schnelligkeitstraining werden die FT-Einheiten positiv beeinflußt.

Was ist bei einem Schnelligkeitstraining unbedingt zu beachten?

- Schnelligkeitstraining sollte nur in einem ausgeruhten Zustand absolviert werden.
- Schnelligkeitstraining gehört an den Anfang einer Trainingseinheit.
- Intensives Aufwärmen ist unbedingt nötig, um die Muskulatur in einen optimalen Zustand zu versetzen.
- Eine Verbesserung der Schnelligkeit ist nur bei maximalen Krafteinsätzen möglich.
- Maximale Krafteinsätze sind nur bei ausreichenden Pausen möglich.
- Das Verhältnis zwischen Belastung und Erholung muß stimmen.
- Um einen motorisch-dynamischen Stereotyp zu verhindern, sind verschiedene Trainingsformen anzuwenden.
- Bei Ermüdungserscheinungen ist das Training zu beenden.
- Der Spieler muß hochmotiviert sein, um die entsprechenden Trainingsreize setzen zu können, was manchmal nur im Rahmen eines spielintegrierten Schnelligkeitstrainings möglich ist.
- Schnelligkeitstraining gehört zu jeder Trainingseinheit.

Anpassungserscheinungen an ein Schnelligkeitstraining

Anpassungserscheinungen im Schnelligkeitstraining sind nur dann möglich, wenn die Reizstärke im Training ausreichend intensiv ist. Um einen motorisch-dynamischen Stereotyp zu vermeiden, muß das Training vielschichtig und variabel gestaltet werden. Nur so kommt es zu einer Festigung von Bewegungsprogrammen auf

zentralnervaler Ebene, zu einer größeren Beweglichkeit zentralnervaler Prozesse und zur Entwicklung eines hohen Funktionsniveaus motorischer Prozesse.
Die Adaptationen in der Muskulatur ähneln denen, die nach einem Schnellkrafttraining auftreten. Sie betreffen hauptsächlich die schnell kontrahierenden Fasern (FT-Fasern). Metabolisch kommt es vor allem zu einer Erhöhung der Myokinase, der Kreatinphosphokinase und der Schlüsselenzyme des glykolytischen Stoffwechsels. Des weiteren vermehren sich die am anaeroben Stoffwechsel beteiligten Substrate ATP, Kreatinphosphat und Glykogen. Die Adaptationen im Bereich des cardiopulmonalen und vaskulären Systems betreffen vor allem die Verbesserung des Sauerstoffaufnahmevermögens und die Herausbildung eines Sportherzens.
Die neurohormonale Anpassung äußert sich in der Ökonomisierung aller im Organismus für die Schnelligkeit zuständigen Vorgänge. Am Stütz- und Bewegungsapparat erhöht sich die Festigkeit und Elastizität von Faszien und Bändern. Die Knochen werden dicker und sind so belastbarer.

Bei der Periodisierung des Trainings ist auf die verschiedenen Intensitätsstufen zu achten.

Praktische Trainingsbeispiele für ein Schnelligkeitstraining

Beim reinen Schnelligkeitstraining ist immer auf entsprechende Pausen zu achten.

Bevor ich die praktischen Trainingsbeispiele zu allen drei Methoden des Schnelligkeitstrainings vorstelle, möchte ich noch einige Hinweise geben, die für das Verständnis der Trainingsprogramme notwendig sind. Im Rahmen der Wiederholungsmethode werden drei Intensitätsstufen unterschieden, die je nach Leistungsstand oder Trainingsperiode (Vorbereitungs- oder Wettkampfperiode) Anwendung finden.

Die Intensitätsstufe 3 **(I 3)** steht für einen Krafteinsatz im submaximalen Bereich (etwa 80–85% der maximalen Schnelligkeitsleistung). Sie wird in der ersten Phase der Vorbereitung und bei allen noch sehr trainingsunerfahrenen und wenig leistungsstarken Spielern angewandt. Der submaximale Lauf gibt dem Spieler und auch dem Trainer die Möglichkeit, koordinative Verbesserungen vorzunehmen, die für weitere Leistungssteigerungen unbedingt notwendig sind.

Wer völlig unvorbereitet mit einem maximalen Schnelligkeitstraining beginnt, ist meist noch nicht in der Lage, eine optimale Koordination zwischen Erregung und Hemmung herzustellen. Er ermüdet sehr viel schneller und riskiert einen Übertrainingszustand.

Die Intensitätsstufe 2 **(I 2)** steht für einen Krafteinsatz im Bereich von 90–95% der maximalen Schnelligkeitsleistung. Der Spieler muß bei Läufen in diesem Intensitätsbereich das Gefühl haben, bereits sehr schnell zu sein, ohne die Laufkoordination vernachlässigen zu müssen.

Die Intensitätsstufe 1 **(I 1)** steht für maximal schnelle Läufe. Sie werden in der unmittelbaren Wettkampfvorbereitung **(UWV)** oder während der Wettkampfsaison durchgeführt.

Die Läufe können sowohl aus verschiedenen Standpositionen als auch fliegend durchgeführt werden. Unter fliegenden Läufen **(FL)** versteht man folgendes:
Man legt einen Start- und einen Zielpunkt fest, die etwa 25 Meter auseinanderliegen. Der Spieler stellt sich etwa 15 bis 20 Meter vor dem Startpunkt auf und beginnt seinen Lauf. Wenn er den Startpunkt erreicht, muß er bereits die höchste Geschwindigkeit erreicht haben, die er dann bis zum Zielpunkt aufrechterhält.

Vorschlag für ein Standard-Trainingsprogramm in der langen Winterpause:

Periode	Intensität	Serien	Wdh	Strecke	Pause	Serienpause
VP 1	I 3	2	5	25 m FL	3 min	5 min
VP 2	I 2	1	5	25 m FL	3–4 m	6 min
	I 2	1	5	25 m	3–4 m	
UWV	I 1	2	4	25 m	4–5	6–8 min

Bei dem soeben vorgestellten Rahmenplan handelt es sich um die effektivste Trainingsmethode zur Verbesserung der Sprintschnelligkeit. Er sollte wenigstens einmal wöchentlich (je nach Trainingshäufigkeit) durchgeführt werden.

Bei den verschiedenen Ablaufpositionen gibt es folgende Variationen (s. Abb. S. 84/85):

1. Sprintablauf
2. Ablauf aus der Viertelkniebeuge mit Vorspannung
3. Ablauf aus der Liegestützposition mit Vorspannung
4. Ablauf aus der Viertelkniebeuge mit Vorspannung mit dem Rücken zur Laufrichtung
5. Ablauf aus der Stützposition mit Vorspannung

Fünf verschiedene Ablaufpositionen, die bei einem effektiven Schnelligkeitstraining eingenommen werden können. Die Läufe können mit und ohne Kommando durchgeführt werden.

Die Läufe können mit und ohne Kommando durchgeführt werden. Mit Hilfe der Vorspannung wird eine größere Anzahl von neuromotorischen Einheiten innerviert, was zu einer erhöhten Kontraktionskraft am Start führt.
Da es im Fußball aber selten vorkommt, daß man über längere Strecken einen geraden Sprint durchführen kann, möchte ich noch weitere fußballspezifische Trainingsformen zur Verbesserung der Schnelligkeitsfähigkeiten vorstellen:

1. Überhollauf:

Die Spieler traben in einer Doppelreihe hintereinander her. Auf ein Kommando hin läuft das letzte Paar mit einem Sprint an die Spitze.

2. Hütchenparcours

Der Hütchenparcours ist variabel gestaltbar.

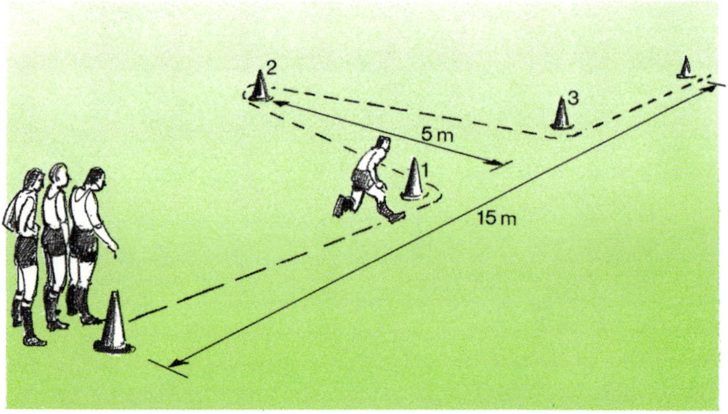

3. Wendigkeitslauf

Beim Wendigkeitslauf ist die volle Konzentration des Spielers gefragt.

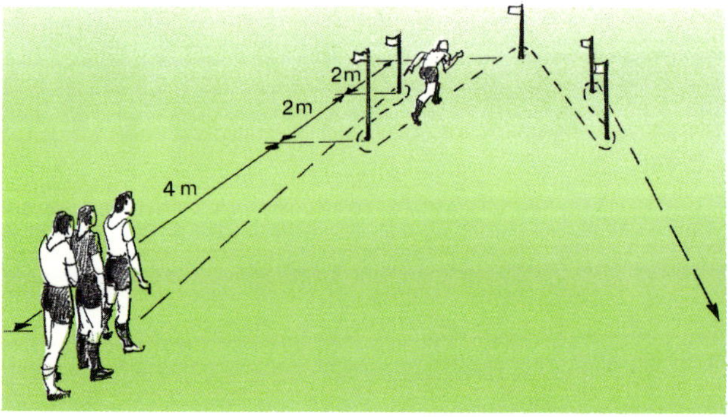

4. Slalomlauf

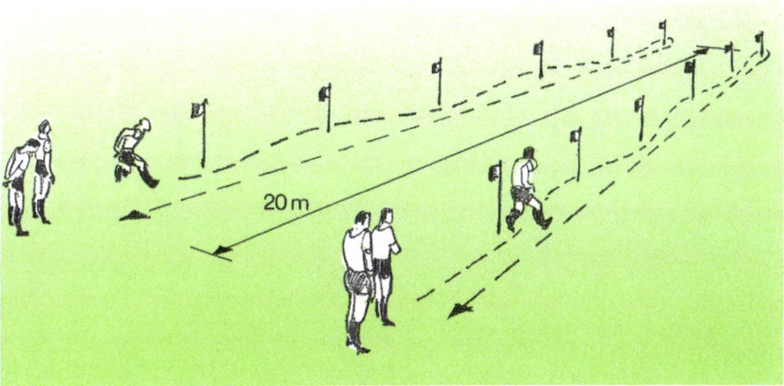

Praktische Trainingsbeispiele

Der Slalomlauf kann auch mit Ball durchgeführt werden.

Bei den zuletzt vorgestellten Trainingsmethoden handelt es sich nicht um ein reines Schnelligkeitstraining, da aufgrund der eingebauten Schikanen nicht immer maximale Geschwindigkeiten möglich sind.
Da es sich aber um fußballspezifische Trainingsformen handelt, sollten sie im Trainingsprogramm berücksichtigt werden.

Zugwiderstandsläufe

Eine weitere sehr effektive Methode zur Verbesserung der reinen Sprintkraft sind Zugwiderstandsläufe. Der Spieler zieht dabei ein Gewicht hinter sich her, wodurch ein größerer Krafteinsatz erforderlich ist. Früher hat man diese Läufe mit alten Autoreifen durchgeführt, heute

Zugwiderstandsläufe sollten nur von hochtrainierten Spielern durchgeführt werden.

gibt es spezielle Zugwiderstandsgeräte, deren Gewicht je nach Leistungsstärke individuell einzustellen ist.
Zugwiderstandstraining ist eine Form des Sprinttrainings, bei dem die Kraft unter Einbeziehung der sprintspezifischen Bewegungsform trainiert wird. Die Höhe der Gewichte ist dabei so zu wählen, daß die Sprintstruktur (Laufkoordination) nicht zu stark verändert wird. Je nach Leistungsstärke variieren die Gewichte zwischen vier und sechs Kilo.
Der Einsatz von Zugwiderstandsläufen sollte nicht zu früh geschehen und auch zeitlich begrenzt sein (ca. drei Wochen), da es sich um eine hochbelastende Trainingsform handelt.
Diese Trainingsform ist nur den Mannschaften zu empfehlen, die ein tägliches Training absolvieren.

Trainingsbeispiele für ein Schnelligkeitstraining in der Vorbereitungsperiode I

Besonders zu Beginn der Vorbereitung ist auf eine gute Koordination zu achten.

Nach einem reinen Schnelligkeitstraining können Trainingsformen verwandt werden, die die Schnelligkeitsausdauer, die Kraft oder die Koordination fördern. Die dargestellten Trainingsformen im Anschluß an das Sprintprogramm sind nur eine kleine Auswahl der Möglichkeiten, die mit und ohne Ball durchgeführt werden können.

1. Trainingsbeispiel
– Einlaufen, Dehnung, 3 Steigerungsläufe (der dritte bereits in hohem Tempo)
– 5×25 m FL Intensitätsstufe III (3 min Pause, 5 min Serienpause)
– 5×25 m aus verschiedenen Positionen Intensitätsstufe II (3–4 min Pause)
– Schnelligkeitstraining mit dem Ball, z. B. schnelles Ballführen mit Schikanen: Benötigt werden drei Hürden, die etwa 50–60 cm hoch aufgebaut sind. Die Abstände zwischen den Hürden betragen sechs bis acht Meter. Aufgabe des Spielers ist es, den Ball so schnell wie möglich unter die Hürden zu spielen, während er selbst die Hürde überspringt. Nach jeder Hürdenüberquerung sollte es einen Ballkontakt geben. Hinter der dritten Hürde

wird eine Kehrtwendung gemacht, und der Spieler führt den Ball im Zickzackkurs um die Hürden zurück. In der nachfolgenden Abbildung wird der Spielaufbau noch einmal erklärt.
– Auslaufen und Entmüden

Mit Hürden als Schikanen kann ein fußballspezifisches Schnelligkeitstraining durchgeführt werden.

2. Trainingsbeispiel
– Einlaufen, Dehnung, 3 Steigerungen (die dritte bereits in hohem Tempo)
– 5×25 m FL, Intensitätsstufe III (3 min Pause, 5 min Serienpause)
– 5×25 m aus verschiedenen Positionen, Intensitätsstufe II (3–4 min Pause)
– Intensives Schnelligkeitstraining: Es werden fünf Fahnen in einem Abstand von 12 Metern aufgebaut. Der Spieler hat die Aufgabe, von Fahne 1 bis Fahne 2 und wieder zurück zu laufen, dann zu Fahne 2 und wieder zurück usw. Der Aufbau der Übung ist in der Abbildung auf Seite 90 zu sehen.

– Zehn Minuten Auslaufen und Entmüden

Trainingsbeispiele für ein Schnelligkeitstraining in der Vorbereitungsperiode II

1. Trainingsbeispiel
– Einlaufen, Dehnung, 3 Steigerungen (die dritte bereits in hohem Tempo)

Der Fahnenparcours trainiert vornehmlich die Schnelligkeitsausdauer.

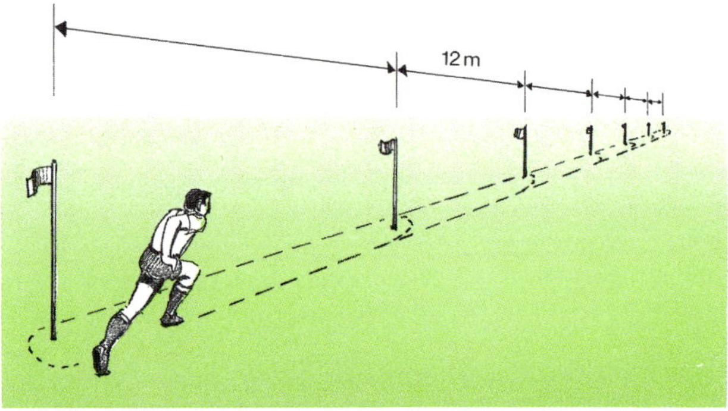

– 2×4 × 30 m Abläufe aus verschiedenen Positionen, Intensitätsstufe II
– Pause 3–4 min, Serienepause 5–6 min
– 10 Minuten aktive Pause
– Fußballspezifisches Training auf kleinem Feld: z. B. Spiel 3 : 3 mit maximal drei Pässen oder andere schnelligkeitsorientierte Spielformen
– Auslaufen und Entmüden

2. Trainingsbeispiel
– Einlaufen, Dehnung, 3 Steigerungen (die dritte bereits in hohem Tempo)
– 2×4 × 30 m Abläufe aus verschiedenen Positionen, Intensitätsstufe II
– Pause 3–4 min, Serienpause 5–6 min
– 10 min aktive Erholung
– 5×60 m Ins and Outs, d.h. in einem Abstand von 20 Metern sind Fahnen oder Pylonen aufgestellt. Der Spieler läuft mit einem explosiven Antritt bis zur ersten Markierung, nimmt das Tempo etwas heraus, ohne zuviel an Geschwindigkeit zu verlieren, um an der zweiten Markierung einen weiteren Antritt mit hoher Geschwindigkeit durchzuführen. Die Pause zwischen den Läufen beträgt etwa fünf Minuten.
Anschließend können noch einige fußballspezifische Trainingsformen durchgeführt werden (z.B. Kreis), die eine mehr koordinative Leistung von den Spielern verlangen.
– Auslaufen und Entmüden

Trainingsbeispiel für ein intensives Intervalltraining

Das folgende Trainingsbeispiel wurde von Liesen in einem Referat in Leverkusen vorgestellt. Wie bereits erwähnt, kann ein intensives Intervalltraining nicht als reines Schnelligkeitstraining angesehen werden, da die Erholungspausen unvollständig sind und daher eher die Sprintausdauer trainiert wird.
Durch Variation des Trainings kann jedoch zum einen mehr Wert auf die Schnelligkeitsausdauer, zum anderen mehr Wert auf die Sprintausdauer gelegt werden:
Zwanzig Minuten Einlaufen und Dehnung

– Fünf Starts aus der Bauchlage über 15 Meter, wobei nach jedem Lauf 150 Meter getrabt wird
– Zwei Minuten locker traben
– Fünf Starts aus der Bauchlage zu einer Linie im Abstand von fünf Metern, die Linie mit dem Fuß berühren und zurücksprinten. Nach jedem Start wird 150 Meter getrabt.
– Zwei Minuten locker traben
– Fünf Starts aus der Bauchlage über 15 Meter, nach der Hälfte wird eine blitzschnelle Drehung durchgeführt und rückwarts gelaufen. Nach jedem Start 150 Meter traben.
– Zwei Minuten locker traben
– Fünf Starts aus der Bauchlage über 15 Meter. Nach jedem Start wird 150 Meter getrabt.
– Zehn Minuten Auslaufen und Ausdehnen

Trainingsbeispiel für ein Training in der Wettkampfphase

Eine hohe Intensität bestimmt das Schnelligkeitstraining.

Das Schnelligkeitstraining kann und muß in der Wettkampfphase fortgeführt werden. Die Läufe werden im Intensitätsbereich I durchgeführt, wobei nicht mehr als zehn Wiederholungen durchgeführt werden sollten. Zum Spritzigmachen kann auch ein oder zwei Tage vor einem Spiel ein Schnelligkeitstraining durchgeführt werden. Dabei bieten sich sechs Läufe über 25 Meter mit einer Pause von fünf Minuten an. Intensives Intervalltraining oder spielintegriertes Schnelligkeitstraining sollte zu Beginn der Trainingswoche durchgeführt werden. Des weiteren bieten sich Bewegungs- und Reaktionsspiele mit und ohne Ball, Tempo-Dribblings mit Ball, Sprints mit Ball, Überzahlspiele auf kleinen Feldern mit unterschiedlichen Pausenlängen an.

Überprüfung der Schnelligkeitsfähigkeiten

20-Meter-Sprint aus dem Hochstart

Mit Hilfe von Schnelligkeitstests kann die aktuelle Leistungsfähigkeit überprüft werden.

Der Spieler stellt sich in die Ablaufposition und läuft ohne Kommando 20 Meter in maximaler Geschwindigkeit. Die Zeit wird ab dem Zeitpunkt genommen, wo sich das hintere Bein des Spielers vom Boden löst.
Der Nachteil dieser Meßmethode besteht in der eventuellen Ungenauigkeit, so daß auch vom Zeitnehmer höchste Konzentration erforderlich ist. Die gemessene Zeit hat eine hohe Aussagekraft über die Sprintkraft und die Sprintleistung. Nachfolgende Tabelle erlaubt die Einordnung der Leistungsfähigkeit.

Männer	3,0 sec	sehr gut
Männer	3,3 sec	durchschnittlich
Frauen	3,4 sec	sehr gut
Frauen	3,7 sec	durchschnittlich

30-Meter-Sprint aus dem Hochstart

Diese Testform dient der Ermittlung der Antrittsschnelligkeit, stellt aber für den Fußballbereich bereits die äußerste Grenze dar, da längere Strecken nicht mehr fußballspezifisch anzusehen sind. Der Testablauf ist gleich dem beim 20-Meter-Sprinttest. Nachfolgende Tabelle erlaubt die Leistungseinordnung.

über 4,3 sec	schlecht
4,1–4,2 sec	mäßig
4,0 sec	gut
unter 4,0 sec	sehr gut

Für Frauen sind Sprintzeiten unter 4,5 Sekunden als sehr gut einzustufen.

30-Meter-Sprint fliegend

Auch dieser Test dient der Ermittlung der maximalen zyklischen Sprintschnelligkeit. Der Spieler hat diesmal einen Anlauf von 15 bis 20 Metern und durchläuft dann eine 30-Meter-Strecke in maximaler Geschwindigkeit.
Am 30-Meter-Start sollte ein Spieler oder Betreuer mit einem Handwink das Zeichen für den Zeitnehmer geben. Die Leistungsfähigkeit ist wie folgt einzuordnen.

über 3,6 sec	schlecht
3,4 sec	mäßig
3,2 sec	gut
3 sec und schneller	sehr gut

Für alle Sprinttests wäre das Vorhandensein von Lichtschranken für die Objektivität von großer Bedeutung. Die Handstoppung erfordert höchste Konzentration.

Skipping-Test

Auch bei den Testformen ist auf eine korrekte Bewegungsausführung zu achten.

Mit diesem Test kann die maximale zyklische Schnelligkeit (Bewegungsfrequenz) ermittelt werden. Auf ein Startzeichen hin versucht der Spieler über einen Zeitraum von zwei mal zehn Sekunden (und 20 Sekunden Pause) so viele Skippings wie möglich auf der Stelle durchzuführen. Aus beiden Serien wird der Mittelwert gezogen. Die Knie sollten dabei wenigstens bis zur Waagerechten angehoben werden. Deshalb empfiehlt es sich, ein Gummiseil oder Band zu spannen, welches auf die individuelle Höhe eines Spielers eingestellt wird. Der Spieler hat dabei die Aufgabe, das Band mit den Beinen zu berühren. Aufgrund der hohen Geschwindigkeit sollte ein Schrittzähler verwendet werden. Wer dieses Gerät nicht zur Verfügung hat, sollte sich nur auf ein Bein konzentrieren und dann das Ergebnis verdoppeln. Die Leistungseinordnung kann der nachstehenden Tabelle entnommen werden.

unter 40	schlecht
40–45	mäßig
45–50	gut
über 50	sehr gut

Das Auf- und Abwärmen

Auf- und Abwärmen sind fester Bestandteil jeder Trainingseinheit.

Vor jedem Trainingsprogramm steht ein ausreichend **intensives Aufwärmprogramm.** Dabei handelt es sich um die wichtigste Maßnahme zur unmittelbaren Trainingsvorbereitung, mit den folgenden positiven Auswirkungen.

- Ausdauer, Schnelligkeit und Kraft der Muskelkontraktion werden erhöht
- die Bewegungskoordination, die Reaktionsschnelligkeit und die Beweglichkeit werden verbessert
- die Leistungsbereitschaft wird erhöht
- die Verletzungsanfälligkeit wird gesenkt

Neben der Stimulierung des Herz-Kreislauf-Systems kommt es zu einer Erweiterung der Gefäße in der Skelettmuskulatur. Die Nervenleitgeschwindigkeit wird erhöht, Muskeltonus und Muskelelastizität werden positiv beeinflußt.

Durch die erhöhte Entspannungsfähigkeit der Muskulatur kommt es bei langandauernden zyklischen Belastungen zu einer Minimierung des Energieverbrauchs. Die Umgebungstemperatur spielt beim Aufwärmen eine wichtige Rolle. Bei kalten Außentemperaturen reicht es nicht aus, sich nur so warmzumachen, daß man nicht mehr friert. Bei warmem Wetter ist der erste Schweißverlust noch kein Anzeichen für ein vernünftiges Aufwärmen. Es ist unvernünftig, wenn sich Spieler bei kalten Außentemperaturen mit kurzer Trainingsbekleidung erwärmen.

Leistungsstarke und hochtrainierte Spieler benötigen im allgemeinen eine längere Aufwärmphase. Das glei-

che gilt auch für ältere Spieler, die die Aufwärmarbeit behutsamer durchführen sollten, da sich der Stoffwechsel langsamer anpaßt. Eine wichtige Rolle spielt auch die Tageszeit, da der Körper biorhythmischen Schwankungen unterworfen ist.
Da in der Regel in den Abendstunden trainiert wird, stellt sich der Körper darauf ein und entwickelt im Laufe des Nachmittags eine höhere Leistungsbereitschaft. Einer der häufigsten Fehler in der Aufwärmphase ist eine zu hohe Intensität.
Spieler, die bereits in der Aufwärmphase in eine anaerobe Stoffwechsellage kommen, sind im weiteren Verlauf des Trainings eindeutig benachteiligt und können keine Leistungssteigerung erwarten.

Zum Abschluß einer Trainingseinheit gehört immer die **Abwärmphase.** Die bei der körperlichen Belastung angefallenen Reststoffe der Energieumwandlung können abtransportiert werden. Die Muskulatur soll dadurch wieder in einen Zustand der Entspannung gebracht werden. Neben der Verkürzung der Wiederherstellungszeit soll auch eine qualitative Verbesserung der Regenerationsprozesse hervorgerufen werden. Neben dem üblichen Austraben können je nach vorangegangener Trainingsbelastung auch Ausgleichsgymnastik und Stretchingprogramme durchgeführt werden.
Die Inhalte der Auf- und Abwärmprogramme sind stets in bezug auf die bevorstehende oder vorangegangene Belastung abzustimmen. Verschiedene Trainingsprogramme erfordern unterschiedliche Maßnahmen der Vor- und Nachbereitung.

Aufwärmprogramme

Das allgemeine Aufwärmen

Lockeres Traben eignet sich am besten zum Aufwärmen.

Im Fußball werden allgemeine und spezielle Aufwärmprogramme unterschieden. Bei den von mir in diesem Buch vorgestellten Trainingsmaßnahmen reicht ein allgemeines Aufwärmprogramm aus. Das allgemeine Aufwärmen beinhaltet die Tätigkeit von mehr als ⅙ bis ⅐ der gesamten Skelettmuskulatur. Dies ist beim *lockeren Einlaufen* oder *Traben* der Fall. Um eine optimale Be-

triebstemperatur zu erreichen, sollten die Spieler acht bis zehn Minuten traben (je nach Außentemperatur auch etwas länger). Erst danach sollten auch *fußballspezifische Bewegungsformen* wie Richtungswechsel, abstoppende Bewegungen oder kurze vorsichtige Antritte durchgeführt werden.
Als nächstes folgen *Dehnungsübungen* nach der CHRS-Methode, die ich im Trainingsbegleiter noch genau erläutern werde, wobei besonders den zur Verkürzung neigenden Muskelgruppen Aufmerksamkeit geschenkt werden sollte.
Bei nachfolgenden *Sprintbelastungen* sollten zusätzlich tonussteigernde Übungen in das Aufwärmprogramm aufgenommen werden.
Je nach Trainingsinhalt kann nun mit dem Hauptteil begonnen werden.
Steht ein Sprint, Sprung- oder Krafttraining an, sollten einige lockere *Steigerungsläufe* über 60 bis 80 Meter durchgeführt werden.

Mit Steigerungsläufen wird der Körper auf bevorstehende Belastungen vorbereitet.

Der Steigerungslauf:

Die Intensität ist dabei progressiv zu steigern, d.h. der erste Lauf ist mit 60%, der zweite mit 70–80% und der dritte bereits bis annähernd 90% der maximalen Sprintleistung zu absolvieren. Wie der Name schon sagt, handelt es sich bei einem Steigerungslauf um einen Lauf, bei dem die Geschwindigkeit langsam gesteigert wird. Erst die letzten 20 Meter werden mit der oben genannten Intensität durchgeführt.

Das von mir häufig zu Beginn des Trainings beobachtete Kreisspielen halte ich als Aufwärmarbeit für völlig ungeeignet. Zu schnell verführt der Ehrgeiz die Spieler zu extremen Bewegungen, die beim unzureichend aufgewärmten Körper zu Verletzungen führen können. Dies gilt besonders für die Wintermonate.

Das spezielle Aufwärmen

Das spezielle Aufwärmen schließt sich dem allgemeinen Teil an und bezieht sich auf die nachfolgenden fußballspezifischen Trainingsinhalte.
Nicht immer sind die Aufwärmmaßnahmen für alle Spie-

ler gleich durchzuführen. Spielern, die über eine längere Zeit verletzt waren, oder Spielern mit individuellen Problemen (z. B. extrem verkürzte Muskeln) muß die Möglichkeit gegeben werden, einige Minuten ein auf ihre Bedürfnisse zugeschnittenes Programm zu absolvieren. Auch wenn es sich beim Fußball um einen Mannschaftssport handelt, ist es hier die Aufgabe des Trainers oder des Konditionstrainers, die erforderlichen Maßnahmen zu treffen.

Abwärmprogramme

Auch zum Abwärmen sollte locker getrabt werden.

Auch die Abwärmphase sollte aktiv durchgeführt werden. Erst danach können auch passive Maßnahmen wie Entmüdungsbecken, Sauna oder Massage vorgenommen werden. Aktive Abwärmphasen sind viel wichtiger als passive. Kombinationen können ideal sein. *Langsames Austraben* eignet sich am besten.
Die Zeitdauer sollte je nach Ermüdungszustand bis zu zehn Minuten betragen. Dieser Zeitraum gilt besonders nach hohen Kraftbelastungen wie Maximalkrafttraining.
Des weiteren kann eine *Ausgleichsgymnastik* oder *Stretching* durchgeführt werden, um die zuvor belastete und damit verkürzte Muskulatur wieder in ihren Ausgangszustand zu bringen.

Bei Stretchingprogrammen ist folgendes zu beachten:

Nach einer großen physischen Anstrengung sollte kein Stretching durchgeführt werden. Bei stark ermüdeter Muskulatur ist die Empfindlichkeitsschwelle der Muskelspindeln angehoben, so daß schon bei leichten Dehnübungen Schmerzen hervorgerufen werden, die die Muskeln reflexartig anspannen lassen. In diesem Falle ist ein langsames Austraben empfehlenswert.

Besonders in den Hochleistungsbereichen, wo ein tägliches Training durchgeführt wird, ist die durch Abwärmmaßnahmen eingeleitete Wiederherstellung der physischen Leistungsfähigkeit von besonderer Bedeutung. Nur so können Anpassungsprozesse eingeleitet werden, die zu einer erhöhten Leistungsfähigkeit führen.

Die Trainingsplanung

Die richtige Trainingsplanung kann über Erfolg oder Mißerfolg entscheiden.

Ein Training umfaßt alle Maßnahmen zur sportlichen Leistungssteigerung und -erhaltung. Dabei werden aus biologisch-medizinischer Sicht systematisch wiederholte überschwellige Bewegungsreize durchgeführt, die morphologische (die Muskelzellen, Kapillaren u. a. betreffend) und funktionelle Anpassungserscheinungen zum Ziel haben. Dazu ist eine Leistungs- oder Trainingssteuerung unbedingt notwendig. Nach Grosser/Brüggemann/Zintl bedeutet Leistungssteuerung die gezielte, wissenschaftlich unterstützte, kurz- und langfristige Abstimmung aller für die Planung, Durchführung, Kontrollen, Auswertung und Korrekturen notwendigen Maßnahmen zum Zwecke der Leistungsoptimierung.
Ziel des Trainings ist es, Leistungsverbesserungen innerhalb eines bestimmten Zeitraumes anzustreben. Der Aufstieg in die nächsthöhere Liga könnte eines dieser Ziele sein, die auch als übergeordnete Ziele bezeichnet werden. Die Verbesserung der in diesem Buch beschriebenen konditionellen Teilaspekte Kraft und Schnelligkeit werden als Teilziele gekennzeichnet.

Die Trainingsplanung ist darauf ausgerichtet, ein Trainingsziel zu erreichen. Das individuelle Leistungsvermögen ist dabei zu berücksichtigen. Dieses verlangt eine systematische Strukturierung des Trainingsprozesses, der sich auf verschiedene Zeiträume beziehen kann:

- Der Mehrjahresplan erstreckt sich über einen Zeitraum von bis zu acht Jahren.
- Der Jahresplan bezieht sich auf die Planung des Trainings über einen Zeitraum von zwölf Monaten.

In diesem Buch gehe ich nur auf die Jahresplanung ein, die wiederum in Vorbereitungs-, Wettkampf- und Übergangsperiode unterteilt wird. Die dabei verwendeten Fachbegriffe sind Makrozyklus (MAZ), Mesozyklus (MEZ) und Mikrozyklus (MIZ).

- Der **Makrozyklus** umfaßt dabei zum einen den Zeitraum vom Beginn der Sommervorbereitung bis zum Ende der Wintersaison und den Beginn der Wintervorbereitung bis zum Ende der Spielzeit.
- Die **Mesozyklen** beziehen sich auf den Zeitraum der Vorbereitung bis zum ersten Punktspiel und die anschließende Trainingsphase während der Wettkampfsaison.
- **Mikrozyklen** umfassen den Zeitraum von einer Trainingswoche.

Da gerade im Amateurbereich aufgrund von Urlaubswünschen und Terminüberschneidungen keine ausreichende Vorbereitungszeit vorhanden ist, sollte jeder Spieler selbst ein individuelles Konditionstraining durchführen. Im Idealfall hat man in der Phase der Sommervorbereitung einen Zeitraum von sechs Wochen zur Verfügung, in der Winterphase einen Zeitraum von zwölf Wochen.
Wie bereits erwähnt, eignet sich die zwölfwöchige Winterphase ganz besonders, um das Trainingspensum zu steigern. Wer in der kurzen Phase der Sommervorbereitung mit einem speziellen Konditionstraining anfängt, riskiert leicht einen Übertrainingszustand, der sich in den ersten Punktspielen negativ auf die Leistung auswirken kann.
Die sechswöchige Vorbereitungsphase im Sommer wird

Ziel des Trainings in der **Wettkampfperiode** ist es, die erworbene Leistungsfähigkeit zu halten und in bestimmten Bereichen (Sprintfähigkeit, Kraftausdauer) weiter auszubauen. Die **Übergangsperiode** sollte sehr kurz gehalten werden (zwei bis drei Wochen) und möglichst aktiv gestaltet werden (Wald- oder Strandläufe, Schwimmen, Radfahren, Gymnastik), um die Leistungsfähigkeit nicht allzu stark absinken zu lassen. Hier ist wieder die individuelle Bereitschaft des Spielers gefragt.

Während der Saison sollte die zuvor erarbeitete Leistungsfähigkeit beibehalten werden.

in zwei Mesozyklen unterteilt. Der erste Mesozyklus erstreckt sich über einen Zeitraum von vier Wochen, der zweite über zwei Wochen.
Auch die zwölfwöchige Wintervorbereitung wird in zwei Etappen unterteilt, die jeweils sechs Wochen laufen. Diese Zeiträume sind ideal, um entsprechende Anpassungserscheinungen und damit effektive Leistungssteigerungen hervorzurufen.

Trainingsziele der ersten Phase eines Vorbereitungszyklus:

- Physische, psychische und andere Voraussetzungen werden geschaffen.
- Das Training beinhaltet einen ansteigenden Belastungsumfang, wobei der Belastungsumfang höher ist als die Belastungsintensität.
- Es wird zunächst ein allgemeines Training durchgeführt.
- Im Bereich der Maximalkraft und der Sprintfähigkeit werden bereits Akzente gesetzt.

Trainingsziele in der zweiten Phase:

- Das Training wird spezieller, die Umfänge werden etwas reduziert, die Intensität zugunsten wettkampfspezifischer Belastung gesteigert.

Die Adaptationsmechanismen

Die richtige Belastung und eine ausreichende Erholung sind bei der Trainingsplanung zu berücksichtigen.

Das Wissen über Adaptationsmechanismen, zu denen die Bereiche Anpassung, Homöostase und Superkompensation zählen, hat entscheidende Bedeutung für den erfolgreichen Trainingsprozeß. Dabei spielt die Wechselbeziehung zwischen Belastung und Erholung eine wichtige Rolle. Für den Trainer und auch für den Spieler ist es bedeutend, die Veränderungen der Leistungsfähigkeit des Organismus während der Trainingsbelastung und in der sich unmittelbar anschließenden Erholungsphase zu kennen.

Die Wiederherstellungsphase umfaßt den Zeitraum zwischen den aufeinanderfolgenden Belastungsreizen (Trainingseinheiten). Dabei spielen die biorhythmischen Schwankungen, denen jeder Mensch unterliegt, eine entscheidende Rolle. Die optimale Trainingszeit liegt am Morgen zwischen zehn und zwölf Uhr und am Abend zwischen 18 und 20 Uhr.

Eine ständige Erhöhung der sportlichen Leistungsfähigkeit setzt neben der Steuerung der Belastungsgestaltung auch das Wissen über die Wiederherstellungsprozesse voraus.

Ein Übertraining ist unbedingt zu vermeiden.

Der Begriff der Wiederherstellung der sportlichen Leistungsfähigkeit wird in zwei Bereiche unterteilt:
1. Wiederherstellung beeinträchtigter Lebensfunktionen nach Verletzungen oder Erkrankungen, d.h. die Wiederherstellung der Gesundheit bzw. Rehabilitation.
2. Die Beschleunigung der Wiederherstellung der sportlichen Leistungsfähigkeit durch Beseitigung von Ermüdungs- oder Erschöpfungszuständen nach vorangegangenen hohen Trainings- oder Wettkampfbelastungen (Trainingseinheit, Trainingstag, Trainingszyklus).

Während Punkt 1 ausschließlich mit Hilfe von Ärzten und Physiotherapeuten realisierbar ist, gibt es für Punkt 2 eine Vielfalt von Möglichkeiten, Methoden und Maßnahmen, die eine Beschleunigung der Wiederherstellung der sportlichen Leistungsfähigkeit zum Ziel haben. Ziel aller Maßnahmen zur schnelleren Wiederherstellung der sportlichen Leistungsfähigkeit ist es, den in der Trainingsbelastung gesetzten Reiz und die nachfolgende morphologische und funktionelle Anpassung positiv zu beeinflussen.
Diese Maßnahmen haben weiterhin das Ziel, die geplanten Trainingsprogramme so zu beeinflussen, daß sie qualitativ und quantitativ umsetzbar sind. Sportliches Training führt zu beabsichtigten Ermüdungszuständen des Organismus. Die Rückbildungsfähigkeit (Reversibilität) der Ermüdung ist von entscheidender Bedeutung für den Erfolg einer Trainingsphase, da das Verhältnis von Ermüdung und Wiederherstellung eine wesentliche Grundlage des sportlichen Trainings darstellt.

Ermüdung definiert sich als besonderer physiologischer und reversibler Zustand des Sportlers, der sich in einer Dyskoordination der Funktionen verschiedener Organe und Systeme als Folge des arbeitenden Organismus während und nach der sportlichen Belastung äußert und mit einem zeitweiligen Absinken der Leistungsfähigkeit des Organismus verbunden ist.

Besonders die Wiederherstellungsprozesse, die wenige Stunden nach einer sportlichen Belastung einsetzen, sind gut beeinflußbar. Damit die richtigen Maßnahmen zur Beschleunigung der Wiederherstellungsprozesse getroffen werden, ist es erforderlich, die Veränderungen der Leistungsfähigkeit des Organismus in Zusammenhang mit sportlichen Belastungen zu kennen.
Die nachfolgende Abbildung zeigt den zeitlichen Verlauf der Veränderung der physischen und funktionellen Leistungsfähigkeit während der Belastung und die Dauer der Wiederherstellung.

Der Kurvenverlauf beschreibt die einzelnen Phasen der sportlichen Leistungsfähigkeit während und nach einer Belastung.

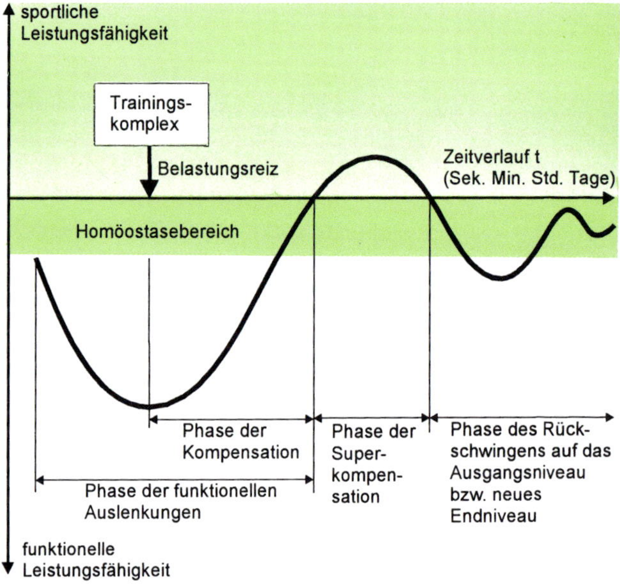

- Phase der funktionellen Auslenkungen (reversible Dekompensation)

- Phase der Kompensation
- Phase der Superkompensation
- Phase des Rückschwingens der ausgelenkten Funktionssysteme auf das Ausgangsniveau bzw. neues Endniveau

Die Phase der funktionellen Auslenkungen

Die Phase ist gekennzeichnet durch das Absinken der an der sportlichen Leistung maßgeblich beteiligten Funktionssysteme. Dieses führt zu einem Schwingungsverhalten ausgewählter Parameter, die wie bereits erwähnt ein Charakteristikum aller biologischen Systeme darstellt. Unter Ruhebedingungen befindet sich der Organismus in einem Fließgleichgewicht (Homöostase). Dieser »Normalwertbereich« wird bei Belastungsreizen (Training) in Abhängigkeit vom Trainingszustand der entsprechenden Funktionssysteme ausgelenkt. Die im Trainingsprozeß angewandten Belastungen (Umfang, Intensität, Trainingsmittel, Trainingsmethoden, Trainingshäufigkeit u.a.) bilden die erforderliche Grundvoraussetzung für Anpassungserscheinungen, die eine Erhöhung der Leistungsfähigkeit ermöglichen. Eine Steigerung der sportlichen Leistungsfähigkeit ist nur dann möglich, wenn der funktionelle Ausprägungsgrad und das Niveau der morphologischen Adaptationen weiter gesteigert werden können.

Die Phase der Kompensation

In dieser Phase kommt es zum Rückschwingen der ausgelenkten Funktionssysteme und der Leistungsfähigkeit, allerdings mit unterschiedlichen Zeitverläufen, bis das Ausgangsniveau wieder erreicht ist. Dabei wird zwischen einer Früh- und einer Spätphase unterschieden.

Ohne Superkompensation kann es nicht zu Leistungssteigerungen kommen.

Die Frühphase der Kompensation umfaßt einen Zeitraum von wenigen Minuten bis zu sechs Stunden, in dem wesentliche Prozesse ablaufen, die die Homöostase wiederherstellen. Dazu zählen:

- Normalisierung der Herz-Kreislauf-Regulation (Herzfrequenz, Blutdruck)
- Normalisierung des Säure-Basen-Status
- Normalisierung des neuromuskulären Systems

- Regenerierung der energiereichen Phosphatverbindungen
- Umverteilungen im Flüssigkeits- und Mineralhaushalt
- Beginn anaboler Stoffwechselprozesse

Die Spätphase der Kompensation umfaßt einen Zeitraum von sechs Stunden bis zu mehreren Tagen. In dieser Phase regenerieren sich folgende Strukturen:

- die kontraktilen Proteine
- die Mitochondrien
- das Binde-, Stütz- und Knorpelgewebe
- die verbrauchten Substrate (Glykogen, Triglyzeride u.a.)

Des weiteren wird eine für den Organismus optimale Regulation zwischen den einzelnen Funktionssystemen und Organen erreicht.

Die Phase der Superkompensation

Das Training muß variabel gestaltet werden.

Im normalen Schwingungsverhalten biologischer Systeme kommt es beim Rückschwingvorgang zu einem reaktiven Überschwingen, welches auch Superkompensation genannt wird. Die Höhe des Überschwingens hängt von der Intensität des vorangegangenen Trainings ab. Es ist eine Phase erhöhter sportlicher Leistungsfähigkeit. Die Superkompensation nach einem Training kann als erste Anpassungserscheinung des Sportlers an sportliche Belastungen angesehen werden.

Die Phase des Rückschwingens

Nach der Phase der Superkompensation kommt es nicht zur sofortigen Rückkehr zum Ausgangs- bzw. neuen Endniveau, sondern zu einer Art gedämpfter Schwingung, die noch nicht genau erklärbar ist. Die mögliche Interpretation dieses Schwingungsverhaltens könnte sein, daß einzelne Parameter den Endzustand in zeitlich differenzierten Abständen erreichen. Für Trainer und Spieler ist das Wissen und die Ausnutzung des Schwingverhaltens biologischer Systeme von leistungsbestimmender Bedeutung, da sie bei der Gestaltung der Trainingsprozesse (Mikro- und Makrozyklen) mehr Berücksichtigung finden sollten. Eine Leistungssteigerung ist nur über die Erreichung mehrerer Superkompensationsphänomene in einzelnen Funktionssystemen und bestimmten Trainingsabschnitten möglich. Die nachfolgende Abbildung zeigt die Beeinflussung des Schwingverhaltens der an der sportlichen Leistungsentwicklung beteiligten Funktionssysteme durch optimal gesetzte Trainingsreize:

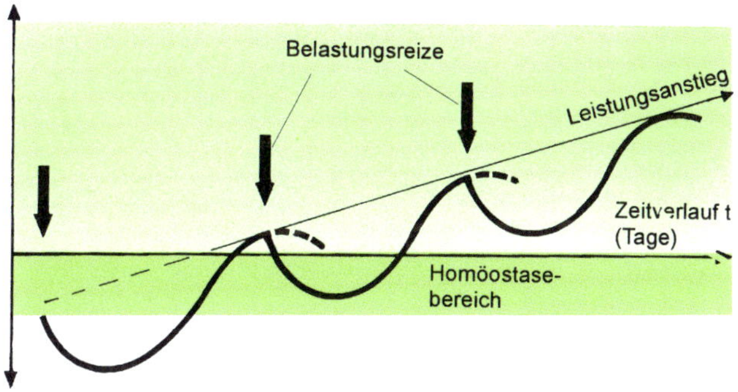

In der höchsten Phase der Superkompensation sollte der nächste Belastungsreiz gesetzt werden.

Wird das Training planlos, ohne Berücksichtung des Schwingverhaltens durchgeführt, kommt es durch die falsch gesetzten Trainingsreize zu einem Leistungsabfall, der in der nachstehenden Tabelle dargestellt ist:

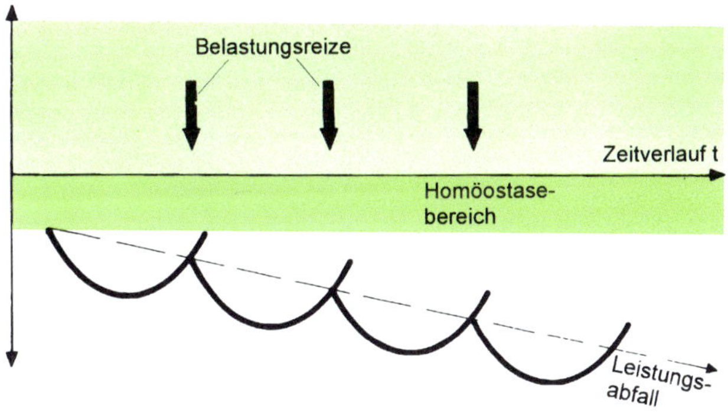

Falsch gesetzte Belastungsreize führen zum Übertraining und damit zum Leistungseinbruch.

Damit sowohl Trainer als auch Spieler eine zeitliche Vorstellung der Regenerationsprozesse nach Trainingsbelastungen haben, wurde von Martin (1980) und Grosser/Brüggemann (1986) nachfolgende Tabelle erstellt.
Mit Zuhilfenahme dieser Tabelle kann ein optimales Jahrestrainingsprogramm erstellt werden:

Regenerationsprozesse	Trainingsbelastungen	
	mit aerober Energiebereitstellung	**mit aerob-anaerober Energiebereitstellung**
laufende Regeneration	bei einer Intensität von 60 bis 70%	
unvollständige Schnellregeneration		
fast vollständige Regeneration von 90 bis 95%	bei einer Intensität von 75–90%: Gruppe A: 12 h Gruppe B: 6 h	Gruppe A: 12 Stunden Gruppe B: 6 Stunden
vollständige Regeneration	Intensität von 75 bis 90%: Gruppe A: 24 bis 36 Stunden Gruppe B: 12 bis 18	Gruppe A: 24 bis 48 Stunde Gruppe B: 12 bis 24 Stunde

- Die Trainingsplanung muß so gestaltet werden, daß die nachfolgende Trainingseinheit mit dem Gipfelpunkt der Superkompensation zusammenfällt. Dadurch ist eine effektive Leistungssteigerung möglich.
- Oft fällt die nachfolgende Trainingsbelastung in einen noch nicht abgeschlossenen Wiederherstellungsprozeß. Das hängt damit zusammen, daß in der Trainingsfolge unterschiedliche Funktionssysteme angesprochen werden. Im Rahmen eines Mikrozyklus werden somit Trainingsreizsummationen gesetzt, die erst in anschließenden Wiederherstellungsprozessen zu einer Superkompensation führen. Diese unvollständige Wiederherstellung ist eine wesentliche Grundlage für die Anpassung des Organismus und die Entwicklung sportlicher Leistungsfähigkeit, die in der nachfolgenden Abbildung noch einmal graphisch erläutert wird.

mit anaerob/ alaktizider und laktizider E. B.	**mit anaboler Wirkung**	**mit Wirkung auf das neuro-muskuläre System**
		bei kurzen maximalen Belastungen mit vollständigen Pausen
Gruppe A: 90 bis 120 Minuten Gruppe B: 45 bis 90 Minuten	Gruppa A: 2 bis 3 Stunden Gruppe B: 1 bis 1,5 Stunden	
Gruppe A: 12 bis 18 Stunden Gruppe B: 6 bis 9 Stunden	Gruppe A: 18 Stunden Gruppe B: 9 Stunden	Gruppe A: 18 Stunden Gruppe B: 9 Stunden
Gruppe A: 48 bis 72 Stunden Gruppe B: 24 bis 36 Stunden	Gruppe A: 72 bis 84 Stunden Gruppe B: 36 bis 42 Stunden	Gruppe A: 72 Stunden Gruppe B: 36 Stunden

Mit Hilfe dieser Tabelle ist eine optimale Trainingsplanung möglich.

- Bei der Gestaltung des Trainingsprozesses darf nicht erst auf das Ende des Rückschwingvorgangs gewartet werden. Auf längere Sicht gesehen können dann keine Reize an die entsprechenden Funktionssysteme

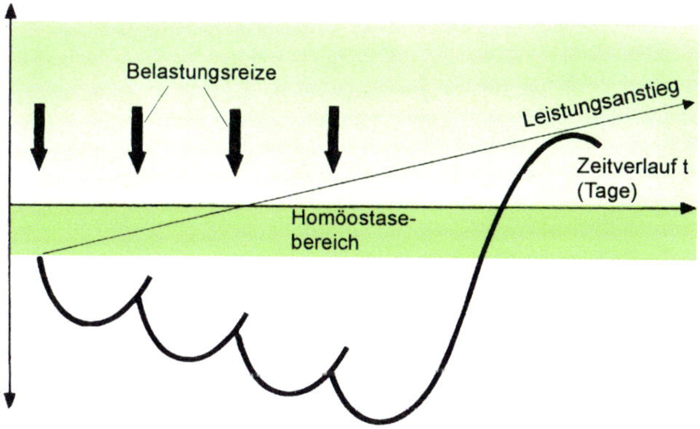

Unterschiedliche Trainingsreize führen zur Leistungssteigerung.

gegeben werden, weshalb sich die Leistungsfähigkeit schlecht entwickeln kann. Besonders bei hochtrainierten Spielern führen die immer gleichen, wenn auch hohen Belastungen zu keinem Superkompensationseffekt mehr.

- Werden die Kompensationsmechanismen dadurch, daß die nächsten Trainingsreize in die Frühphase der Wiederherstellung fallen, nicht genügend berücksichtigt, kann es zu einer Ermüdungssummation kommen. Diese hat einen Leistungsabfall zur Folge.

Die Wiederherstellungsmaßnahmen

Trainingsmethodische Maßnahmen zur Wiederherstellung der Leistungsfähigkeit werden auch als Kompensationstraining bezeichnet. Ziel des Kompensationstrainings ist es, die durch Training bedingte Ermüdung mit trainingsmethodischen Mitteln wieder abzubauen. Auf diese Weise soll der Spieler schneller wieder in die Lage versetzt werden, eine erneute Trainingsbelastung zu absolvieren und dadurch Anpassungsprozesse hervorzurufen. Es gibt ein spezifisches und ein unspezifisches Kompensationstraining.
Beim spezifischen Kompensationstraining gleicht die Trainingsbelastung der vorhergehenden mit dem Unterschied, daß die Intensität niedriger gewählt wird. Diese Maßnahme führt zu einer Beschleunigung der Umstellungsprozesse im Organismus und beseitigt die Laktatacidose (wird später noch beschrieben). Im Vergleich zum unspezifischen Kompensationstraining hat diese Methode allerdings den Nachteil, daß die bereits sportartspezifisch beanspruchte Muskulatur eine erneute Beanspruchung ertragen muß. So ist es nur bedingt möglich, alle Faktoren der Ermüdung zu beseitigen.
Beim unspezifischen Kompensationstraining werden im Trainingsprozeß Muskelgruppen aktiviert und Bewegungsabläufe gefördert, die im vorangegangenen Training nicht beansprucht wurden. Auf diese Weise können metabolische (den Stoffwechsel betreffende) Ermüdungsrückstände schneller beseitigt werden. Das Binde- und Stützgewebe wird entlastet, spezifische beanspruchte Energiereserven werden geschont.

Die aktive Erholung beschleunigt den Wiederherstellungsprozeß und ist der passiven (körperliche Ruhe) vorzuziehen. Die in der Frühphase der Erholung ablaufenden Stoffwechselprozesse werden bei erneuter geringer Belastung besser bewältigt. Des weiteren werden sportmethodische und sportmedizinische Wiederherstellungsmaßnahmen unterschieden.

Zu den sportmethodischen Maßnahmen gehören:

- optimaler Trainingsaufbau
- individuelles Training (nur in den aufgeführten Fällen)
- prophylaktische Erholungsmaßnahmen
- Stretchingprogramme
- Auslaufen und Entmüden

Zu den sportmedizinischen Maßnahmen zählen:

Physiotherapie	*Ernährung*	*Sportgerechte Lebensweise*
• Massagen • Thermotherapie • Elektrotherapie • manuelle Therapie • spezifische Körperübungen • Einreibungen • Badezusätze	• Optimale Ernährungsbilanzen • (Energie-, Nährstoff-, Mineral-, Flüssigkeitsbilanz) • Mahlzeitenrhythmus • Eßgewohnheit • Eßdisziplin	• persönliche Hygiene • Abhärtung • Genußmittelkonsum • Schlaf-Wach-Rhythmus • Freizeitgestaltung

Das Laktat und seine Bedeutung für den Trainingsprozeß

Die Fähigkeit, Laktat zu produzieren und wieder abzubauen, ist von leistungsentscheidender Bedeutung.

Laktat (Salz der Milchsäure) ist das Endprodukt des glykolytischen Stoffwechsels und dient der Beurteilung der Beanspruchungsintensität des anaeroben Stoffwechsels bei körperlicher Belastung. Der Körper ist durch das Laktat in der Lage, auch bei Sauerstoffmangel Energie zu produzieren. Der Energiegewinn fällt jedoch im Vergleich zur aeroben Glykolyse sehr gering aus. Laktat ist unmittelbar abhängig von der Intensität des Trainings, hauptsächlich von der Geschwindigkeit. Die Höhe der Laktatbildung wird vom Niveau der aeroben Leistungsfähigkeit und von der sportartspezifischen Bewegungsfrequenz beeinflußt. Die aerob-anaerobe Schwelle stellt den Übergang von der rein aeroben zur partiell anaeroben, laktazid gedeckten, muskulären Energiestoffwechselleistung dar.

Die aerob-anaerobe Schwelle liegt bei 2–4 mmol/l Laktat.

Die Hauptbedeutung hat die aerob-anaerobe Schwelle für den Bereich des *Ausdauertrainings,* aber auch für die *Pausengestaltung im Sprinttraining* ist die Höhe des Laktats von leistungsbestimmender Bedeutung.
In der Praxis werden verschiedene Schwellenkonzepte angeboten. Das am häufigsten genutzte Schwellenkonzept sagt aus, daß Laktatwerte von 2 mmol/l Laktat den aeroben Schwellenwert beschreiben. Oberhalb von 2 mmol/l bis ca. 4 mmol/l Laktat liegt der Bereich der aerob-anaeroben Schwelle. Über 4 mmol/l Laktat wird rein anaerob gearbeitet.

Ich möchte allerdings darauf hinweisen, daß es Untersuchungen an Athleten gegeben hat (Mittelstrecke, Leichtathletik), die eine anaerobe Schwelle von 5 mmol/l Laktat aufgewiesen haben. Die Laktatmessung war bis vor kurzem mit einem hohen technischen und finanziellen Aufwand verbunden, heute jedoch nicht mehr. Mit neuentwickelten Geräten (Accusport Laktatmeßgerät der Firma Hestia-Pharma in Mannheim) kann eine Laktatbestimmung innerhalb von einer Minute stattfinden. Mit Hilfe dieser Messung ist eine objektive Bestimmung der Leistungsfähigkeit des Spielers möglich. Ich gehe nur deshalb so intensiv auf die Laktatmessung ein, da sie im Bereich des Schnelligkeitstrainings eine entscheidende Rolle spielt.

Bei der *Intensitäts- und Pausengestaltung des Schnelligkeitstrainings* sollte sich die Stoffwechsellage während und nach der Schnelligkeits- und Beschleunigungsbelastung vorwiegend im alaktaziden Bereich bewegen (nicht wesentlich höher als 6 mmol/l Laktat).

Der Laktatwert bei den Tempoläufen (25 m) bestimmt dabei die Pausenlänge, womit verhindert werden soll, daß Intensitätsbereiche trainiert werden, die aufgrund des Leistungsniveaus maximal sind, aber über der aktuellen Belastungsfähigkeit liegen (Übertraining). Zu große Sprünge in der Intensitäts- und Distanzentwicklung und zu kurze Pausen sprechen bereits den glykolytischen Stoffwechselbereich an (Laktatbildung weit über 6 mmol/l Laktat). Das führt dazu, daß nicht die Schnelligkeit sondern die für den Fußballer weniger wichtige Schnelligkeitsausdauer trainiert wird. Daher ist es zu empfehlen, daß das Schnelligkeitstraining durch die Laufzeit, die Pause und das Laktat ab und zu objektiviert wird. Im Fußball spielt die anaerob alaktazide Energiegewinnung die wichtigste Rolle.
Durch Spielunterbrechungen und Beanspruchungspausen, die in jedem Fußballspiel vorkommen, können die energiereichen Phosphate (ATP und Kreatinphosphat) auf oxidativem Wege wieder aufgebaut werden. Eine gute aerobe Ausdauer mit einem hohen aerob-anaeroben Schwellenwert ist dabei leistungsentscheidend. Je höher der Schwellenwert, desto höher das mittlere Spieltempo. Mannschaften, die im Durchschnitt über einen höheren aerob-anaeroben Schwellenwert verfügen, können dem schwächeren Gegner ein Spieltempo aufzwingen, bei dem die Spieler bereits auf die anaerobe Energiebereitstellung mit zunehmender Laktatazidose angewiesen sind und so viel schneller ermüden.
Wer über die Möglichkeit von Laktatwertmessungen verfügt, sollte diese nutzen. Sie dienen der Erfassung des aktuellen und individuellen Leistungsniveaus und haben damit direkte Auswirkung auf die Intensität des Trainingsprogramms.

Der Trainingsbegleiter dient als Anhaltspunkt für die Trainingsgestaltung.

Im nachfolgenden Trainingsbegleiter sind Wochentrainingspläne für Mannschaften aufgeführt, die drei oder vier Einheiten bzw. ein tägliches Training durchführen. Es handelt sich dabei um Rahmentrainingspläne, die den jeweils gegebenen Bedingungen angepaßt werden müssen und für Trainer und Spieler als Anregung dienen. Außerdem stelle ich ein ausführliches Stretchingprogramm vor und erläutere dabei, welche Stretching- oder Dehnform wann am besten geeignet ist.

Anhang

Literaturnachweis

Brauer, Bernd, K. Gottschalk: Sportmedizin von A – Z, Barth Verlagsgesellschaft mbH, Leipzig, Berlin, Heidelberg 1992.

Dargatz, Thorsten: System, Training und Analyse der Vorbereitung der DDR-Leichtathleten auf die Olympischen Spiele 1988 in Seoul, Köln 1992

Dargatz, Thorsten, A. Koch: Rückengerechtes Stretching, Sportinform-Verlag München, 1995.

Freiwald, Jürgen: Aufwärmen Fußball, Rowohlt Taschenbuchverlag, Reinbek bei Hamburg 1994.

Grosser, Manfred: Konditionstests – Theorie und Praxis aller Sportarten, 2. erweiterte Auflage, BLV Verlagsgesellschaft, München 1986.

Grosser, Manfred, H. Ehlenz, E. Zimmermann: Richtig Muskeltraining, BLV Verlagsgesellschaft, München 1990.

Grosser, Manfred, P. Brüggemann, F. Zintl: Leistungssteuerung in Training und Wettkampf, BLV Verlagsgesellschaft, München 1986.

Hollmann, Wildor, Th. Hettinger: Sportmedizin, Arbeits- und Trainingsgrundlagen. Schattauer Verlagsgesellschaft Stuttgart/New York 1990 (3).

Sneyers, Jozef: Fußballtraining – Das Jahresprogramm, Meyer und Meyer, Aachen (2).

Stegemann, Jürgen: Leistungsphysiologie, 3. überarbeitete Auflage, Thieme Verlag, Stuttgart, New York 1984.

Strauzenberg, Gürtler, Hannemann, Tittel: Sportmedizin – Grundlagen der sportmedizinischen Betreuung. J.A. Barth, Leipzig 1990.

Weineck, Jürgen: Optimales Fußballtraining. Teil 1: Das Konditionstraining des Fußballspielers. Perimed Verlagsgesellschaft, Nürnberg 1992.

Weineck, Jürgen: Optimales Training. Beiträge zur Sportmedizin, Band 10. Perimed Fachbuch Verlagsgesellschaft, Erlangen, 1990 (7).

Rahmentrainingsplan des DVfL der DDR, Disziplingruppe Sprint-Hürden. B-Teil, Leipzig 1987, Verfasser unbekannt.

Fachwörterverzeichnis

Acetylcholin	Neurotransmitter an den Synapsen, der durch Erhöhung zu einem niedrigeren Sauerstoffverbrauch des Herzens und verbesserter Herzleistung führt
Adaptation	Anpassungsvorgänge im Organismus
Aerob	Bezeichnung für Stoffwechselvorgänge, die Sauerstoff benötigen
Agonist	Muskel, der primär eine Bewegung erzeugt
Aktin	Aktiv an der Muskelkontraktion beteiligtes Muskelprotein
Alaktazid	Anaerobe Energiegewinnung im arbeitenden Muskel, die nicht zur Bildung von Laktat führt
Anaerob	Bezeichnung für Stoffwechselvorgänge, die auch ohne Sauerstoff ablaufen können
Antagonist	Wirkt der Bewegung des Agonisten entgegen
Anthropometrie	Lehre von den Verhältnissen der menschlichen Körpermaße
Antizipation	Vorausschauendes Programmieren und Bereitstellen von Handlungsalternativen
Depolarisation	Veränderung des Membranpotentials, ausgelöst durch eine Erregung
Effektoren	Erfolgsorgane, wie z. B. der Muskel
Faszien	Bindegewebige Umhüllung von Muskeln
ET-Einheiten	Schnell reagierende Muskelfasern
Glykolyse	Hauptweg des Abbaus von Glukose und Glykogen unter anaeroben Bedingungen
Homöostase	Fließgleichgewicht des Organismus
Innervationsverhältnis	Verhältnis der Zahl der Nervenfasern und der Zahl der durch sie versorgten Muskelfasern
Intermuskulär	Koordiniertes Zusammenspiel aller an einer Bewegung beteiligten Muskelgruppen

Intramuskulär Koordiniertes Zusammenspiel innerhalb eines Muskels

Katecholamine Erregerstoffe Adrenalin und Noradrenalin, die kreislaufregulatorische und metabolische Funktion haben

Kompensationstraining Trainingsmethodische Maßnahmen zur Wiederherstellung der Leistungsfähigkeit

Laktat Salz der Milchsäure

Laktazid Anteil der anaeroben Energiegewinnung, der durch die Produktion von Laktat erfolgt

Metabolismus Stoffwechsel

Mitochondrien Kraftwerke der Zelle, in denen die oxidative Verbrennung der energiereichen Substrate stattfindet

Morphologie Wissenschaft vom Bau und der Organisation der Lebewesen und ihrer Bestandteile

Motorisch-dynamischer Stereotyp Eingeschliffenes Bewegungsmuster

Motorische Einheit Kleinste Funktionseinheit für alle aktiven Bewegungsformen des menschlichen Körpers

Myosin Faserprotein in den Muskelfibrillen

Oxidativer Stoffwechsel Stoffwechselvorgänge, die molekularen Sauerstoff benötigen (aerob)

Plyometrie Elastizitäts- oder Reaktives Training. Negativ dynamische Arbeit wird mit positiv dynamischer Arbeit verbunden

Rekrutierung Zuschaltung von Erregungsvorgängen zu einem Muskelkontraktionsvorgang, z. B. die Kontraktion von Skelettmuskelfasern mit dem Ziel der Steigerung der Gesamtkontraktionskraft

Sarkomere Funktionseinheiten der Muskelkontraktion

ST-Einheiten Langsam reagierende Muskelfasern

Superkompensation Über das ursprüngliche Ausgangsniveau hinausgehende Funktions- und Leistungsfähigkeit durch aktives Überschwingen verschiedener Funktionssysteme des

	Organismus nach belastungsinduzierter Auslenkung der Homöostase
Sympathikotonie	Erhöhter Erregungszustand
Synapsen	Verbindungsstelle zwischen zwei erregbaren Zellen, z. B. Nerv- und Muskelzellen
Synchronisation	Simultane Aktion aller motorischen Einheiten eines Muskels
Tonus	Spannungszustand der Muskulatur
Viskosität	Zähflüssigkeit

FUSSBALL
KONDITIONSTRAINING
Schnelligkeit und Kraft

Mit diesem neuen und in seiner Art einmaligen »Praxis-Ratgeber Fußball Konditionstraining« können Fußball-Cracks aller Altersklassen und Leistungsstufen die wichtigen konditionellen Aspekte »Kraft und Schnelligkeit« gezielt und erfolgreich verbessern.

Leistungsstarke Fußballspieler zeichnen sich nicht nur durch eine perfekte Balltechnik, sondern auch durch eine optimale Kondition aus. Der Leser erfährt in diesem praktischen Ratgeber für Trainer und Sportler alles über die physiologischen Grundlagen der Kraft, über die verschiedenen Kraftarten (Schnellkraft, Maximalkraft und Kraftausdauer), über Schnelligkeitsarten (Antrittsschnelligkeit, Sprintausdauer, Schnelligkeitsausdauer) und deren Trainingsmethoden und über Stations-, Pyramiden-, Circuit- und Sprungkrafttraining.

Mit zahlreichen praktischen Trainingsbeispielen und vielen farbigen Fotos und Sachzeichnungen.

Der zusätzlich beigefügte Trainingsbegleiter enthält darüber hinaus nützliche Trainingspläne für Spieler und Trainer aller Leistungsklassen.

ISB N 3-8254-0422-6
DM/ SFr. 29,80/ ÖS 233,--
02980
9 783825 404222

sportinform

Thorsten Dargatz

FUSSBALL

KONDITIONSTRAINING

Schnelligkeit und Kraft

TRAININGSBEGLEITER

Wochentrainingspläne

Dieser Trainingsbegleiter enthält Wochentrainingspläne für Mannschaften unterschiedlich starker Spielstärke und Informationen und Beispiele für Dehn- und Stretchingübungen, die Bestandteil einer jeden Trainingseinheit sein sollten. Die Wochentrainingspläne sind als Rahmentrainingspläne gedacht und stellen nur eine kleine Auswahl von Möglichkeiten zur Trainingsgestaltung dar. Bei der Trainingsplanung sind vor allem die im Hauptteil im Kapitel »Die Wiederherstellungsmaßnahmen« beschriebenen Adaptationsmechanismen zu berücksichtigen.

Die wichtigsten Prinzipien zur Trainingsgestaltung seien hier noch einmal aufgeführt:

- Man beginnt immer mit einem allgemeinen Krafttraining.
- Erst wenn ein ausreichend großes Kraftniveau erreicht ist, sollte mit dem speziellen Krafttraining begonnen werden.
- Sowohl beim allgemeinen als auch beim speziellen Krafttraining ist auf die richtige Bewegungsausführung zu achten.
- Sprint- und Schnelligkeitstraining ist immer in möglichst ausgeruhtem Zustand durchzuführen.
- Sprinttraining gehört an den Anfang einer Trainingseinheit.
- Die Pausen im Sprinttraining müssen lang genug sein.
- Vor jedem Training muß sich ausreichend aufgewärmt werden.
- Zum Abschluß einer Trainingseinheit gehört das Abwärmen.

In der ersten Woche der Saisonvorbereitung sollte, trotz der wahrscheinlich vorhandenen großen Motivation der Spieler, nicht mit zu hohen Belastungen begonnen werden. Für eine Leistungseinschätzung der Spieler können die im Hauptteil vorgestellten Leistungstests durchgeführt werden. Anhand der Ergebnisse kann man die Defizite einzelner Spieler erkennen und im nachfolgenden Trainingsprozeß (eventuell durch individuelles Training) beseitigen. Die von mir aufgeführten Trainingsbeispiele könnten in der dritten Woche der jeweiligen Vorbereitungsphase stattfinden.

Wochentrainingsplan für tägliches Training (Vorbereitungsperiode I)

Montag
Einlaufen, Dehnung, 3 Steigerungen
5×25 m FL Intensitätsstufe III (3 min Pause)
5×25 m aus verschiedenen Positionen (3–4 min Pause)
10 min aktive Pause
Schnelligkeitstraining mit dem Ball
Auslaufen und Entmüden

Dienstag
Einlaufen und Dehnung
Training der aeroben Ausdauer mit und ohne Ball, z. B. Lauf-Ball-Spiel nach Auste:
1. Spurts mit dem Ball am Fuß von der einen bis zur anderen Strafraumlinie
2. Zwischen zwei Stangen hochwerfen und fangen
3. Einen Halbkreis möglichst exakt auf der Linie mit dem Ball entlangdribbeln
4. Von Markierung zu Markierung hochwerfen und fangen
5. Zielwerfen auf die Torpfosten
6. Slalomlauf um Hüte oder Stangen in mäßigem Tempo
7. Zielrollen des Balles auf zwei Medizinbällen im Abstand von 8–12 m
Auslaufen und Entmüden

Mittwoch
Einlaufen, Dehnung, lockere Steigerungsläufe
3×30 m Kniehebeläufe (Pause 3 min)
3×10 Ausfallschrittgehen (Pause 2 min)
3×12 Schlittschuhsprünge (Pause 2 min)
3×10er Sprunglauf auf Weite (Pause 3 min)
2×10er Einbeinsprünge rechts und links (Pause 3 min)
5 Koordinationsläufe über 50 m (Pause 2 min)
10 min Pause
Spielform 1:1, Hochhalten des Balles in der Fortbewegung mit passivem Angreifen
Auslaufen und Entmüden

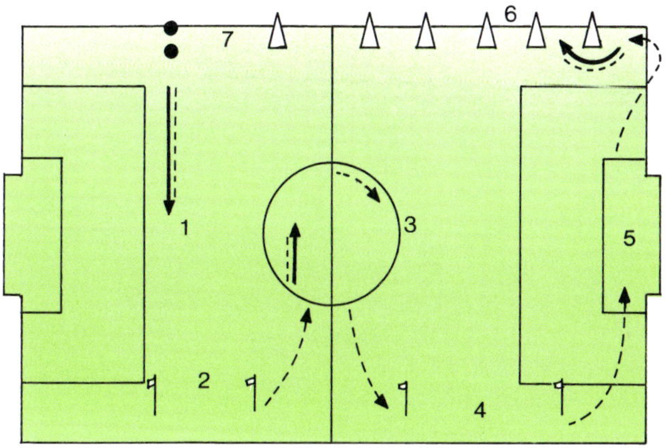

Donnerstag 30 Minuten lockerer Waldlauf, intensives Dehnen
Spielformen zur Verbesserung der aeroben Ausdauer
Training der Koordination und Geschicklichkeit mit Ball

Freitag Einlaufen, Dehnung, 3 Steigerungen
Sprintprogramm, siehe Montag
Tempo-Dribblings mit Ball
Auslaufen und Entmüden

Samstag Einlaufen, Dehnung, lockere Steigerungsläufe
Programm wie Mittwoch, oder Circuittraining an zehn Stationen, Belastung und Pause im Verhältnis 1:1, 30 sec Belastung, 30 sec Pause

Sonntag Ruhetag

Wochentrainingsplan für tägliches Training (Vorbereitungsperiode II)

Montag Einlaufen, Dehnung, 3 Steigerungen
2×4 × 30 m Abläufe aus verschiedenen Positionen
Intensitätsstufe II, Pause 3–4 min, Serienpause 5–6 min
10 min aktive Pause
Fußballspezifisches Training auf kleinem Feld
Schnelligkeitsorientierte Spielformen

Dienstag Trainingsformen zur Verbesserung der aeroben Ausdauer ohne und mit Ball, wie Waldlauf, extensives Intervalltraining etc.

Reaktionsschulung und Ballfertigkeit:
Spiel in den eigenen Reihen (begrenzte Fläche)

Mittwoch Einlaufen, Dehnung, drei lockere Steigerungsläufe
3 submaximale Sprintabläufe über 30 m (2 min Pause)
3×15 m Skippings mit hoher Frequenz (2 min Pause)
3×10er Sprunglauf auf Schnelligkeit (3 min Pause)
3×10er Einbeinsprünge rechts und links (3 min Pause)
3×8 Kastenaufsprünge (3 min Pause)
Zwei lockere Steigerungsläufe über 60–80 m
Training der Rumpfmuskulatur
Auslaufen und Entmüden

Donnerstag Einlaufen, Dehnung
Trainingsformen zur Verbesserung der Geschicklichkeit und der Koordination mit Ball
Spielformen mit Ball
Torabschlußtraining
Auslaufen und Entmüden

Freitag Einlaufen, Dehnung, 3 Steigerungen
Sprintprogramm und fußballspezifisches Programm siehe Montag
Auslaufen und Entmüden

Samstag Einlaufen, Dehnung, 3 lockere Steigerungsläufe
3 submaximale Sprints über 30 m
3×15 m Skippings mit hoher Frequenz (2 min Pause)
3×10er Sprunglauf auf Schnelligkeit (3 min Pause)
anschließend Kraftraum
Maximalkrafttraining halbe Kniebeuge
Schnellkrafttraining für die Wadenmuskulatur und die Schußbeinmuskulatur:
4 Serien à 8 Wiederholungen mit 80% der Maximalkraftleistung bei schneller Bewegungsausführung
Training der Rumpfmuskulatur
Auslaufen und Entmüden

Hinweis: Nach hochintensiven Belastungen, wie Maximalkrafttraining oder Sprungkrafttraining, können noch koordinative Übungen mit Ball durchgeführt werden. Auf diese Weise müssen die Spieler trotz großer Ermüdung versuchen, mit dem Ball präzise umzugehen.

Wochentrainingsplan für viermal wöchentliches Training

Montag Einlaufen, Dehnung, 3 Steigerungen
5×30 m FL (3 min Pause)
5×30 m aus verschiedenen Positionen (3–4 min Pause)
10 min aktive Pause
Schnelligkeitsorientierte Spielformen
Auslaufen und Entmüden

Dienstag Einlaufen, Dehnung
Training mit dem Ball zur Verbesserung der aeroben und anaeroben Ausdauer, Geschicklichkeit und Reaktionsschnelligkeit

Donnerstag Einlaufen, Dehnung, 3 Steigerungen
Circuittraining an zehn Stationen mit 30 sec Belastung und 30 sec Pause, Serienpause 5 min Kreistraining
Auslaufen und Entmüden

Samstag Einlaufen, Dehnung
Schnelligkeitstraining mit dem Ball
Spielformen zur Verbesserung der Schnelligkeitsausdauer
Auslaufen und Entmüden

Wochentrainingsplan für dreimal wöchentliches Training

Montag Einlaufen, Dehnung, 3 Steigerungen
5×30 m FL (3 min Pause)
5×30 m aus verschiedenen Positionen (Pause 3–4 min)
Spielformen zur Verbesserung der Schnelligkeitsausdauer

Mittwoch 20–30 min Dauerlauf, Dehnung
Fußballspezifisches Training
Verschiedene Spielformen zur Verbesserung aller fußballspezifischen Parameter
Auslaufen und Entmüden

Freitag Einlaufen, Dehnung
Spielformen mit Ball zur Verbesserung der Schnelligkeitsleistungen
Intensives Intervalltraining mit Ball
Auslaufen und Entmüden

Wie im Hauptteil des Buches bereits beschrieben steht bei nur drei oder vier Trainingseinheiten in der Woche das Training mit dem Ball im Vordergrund. Wer mehr trainieren möchte, kann dieses in Absprache mit dem Trainer (anhand der zahlreichen Beispiele) in die Tat umsetzen. Die vorhergenannnten Trainingsbeispiele stellen eine kleine Auswahl an Möglichkeiten dar. Die dargestellten Konditionstrainingseinheiten zur Verbesserung der Kraft und Schnelligkeit haben sich vielfach bewährt und sind wissenschaftlich unterstützt. Besonders bei den Krafttrainingseinheiten sollte immer eine versierte Person beim Training zugegen sein.
Falsche Bewegungsmuster, die sich einmal eingeschlichen haben, sind nur schwer wieder zu beseitigen und beinhalten ein großes Verletzungsrisiko.

Das richtige Stretching vor und nach den Trainingseinheiten

Übungen zur Verbesserung der Beweglichkeit sollten zum festen Bestandteil einer jeden Trainingseinheit gehören. Aufgrund der oftmals einseitigen Belastung des Fußballspielers und des dadurch bedingten Einsatzes bestimmter Muskelgruppen, kommt es zur Verkürzung der arbeitenden Muskulatur. Beim Fußballer sind besonders die Hüftbeugemuskulatur (M. Iliopsoas), die hintere Oberschenkelmuskulatur (ischiocrurale Muskulatur), die Adduktoren, der Wadenmuskel (M. gastrocnemius) und der Brustmuskel (M. Pectoralis) betroffen. Bei Fußballspielern konnte ein eindeutiger Zusammenhang zwischen verspannter Leistenmuskulatur und entsprechenden Schäden nachgewiesen werden. Das Bewegungsausmaß der betroffenen Spieler ist entsprechend niedrig. Des weiteren hat die Beweglichkeit leistungslimitierenden Charakter. Wer über eine gute Beweglichkeit verfügt, kann zum einen Bewegungen kräftiger und schneller ausführen, was am geringeren Widerstand der Antagonisten liegt. Zum anderen ist er besser in der Lage, technisch und koordinativ anspruchsvolle Aufgaben zu bewältigen. Es können verschiedene Stretchingmethoden angewandt werden, von denen ich aber nur zwei vorstellen möchte. Zum einen das passiv-statische Stretching und die sogenannte CHRS-Methode.

Beim passiv-statischen Stretching wird der zu dehnende Muskel langsam in seine mögliche Dehnendstellung gebracht und dann gehalten. Dabei ist folgendes zu beachten.

- Man muß sich langsam in die Dehnendstellung begeben.
- Man dehnt nur bis zum Ziehen, nicht bis zum Schmerz.
- Die Dehnung wird 20 bis 30 sec gehalten.
- Während der Dehnung ist auf eine ruhige und gleichmäßige Atmung zu achten.
- Die Dehnung wird langsam gelöst.

Das passiv-statische Stretching empfiehlt sich besonders für die zur Verkürzung neigenden Muskelgruppen. Wer in bestimmten Muskelgruppen über eine gute bis sehr gute Beweglichkeit verfügt, sollte diese Bereiche lieber kräftigen, um Verletzungen vorzubeugen. Der Nachteil dieser Methode liegt in der Senkung des Muskeltonus. Besonders vor Schnelligkeits- und Kraftbelastungen sollte daher auf passiv-statisches Stretching verzichtet werden.

Statt dessen kann die zweite von mir bereits genannte CHRS-Methode durchgeführt werden. Sie ist vom Bewegungsablauf komplizierter und verlangt vom Ausführenden ein gutes Körperbewußtsein.

Die Buchstaben CHRS stehen für die einzelnen Schritte, die bei dieser Dehnmethode vorzunehmen sind:

C (Contract) Die zu dehnende Muskelgruppe wird zunächst einige Sekunden isometrisch angespannt.

H (Hold) Die Spannung wird sechs bis zehn Sekunden aufrecht gehalten.

R (Relax) Die Spannung wird innerhalb von zwei bis drei Sekunden gelöst.

S (Stretch) Der Muskel oder die Muskelgruppe wird gedehnt, wobei die Dehnendstellung über 20 bis 30 Sekunden gehalten wird.

Die Intensität der Anspannung sollte etwa 50% der Maximalkraft betragen. Wird mehr Kraft eingesetzt, kann es leicht zu unbeabsichtigter Mitwirkung anderer Muskelgruppen oder zu einer unsauberen Bewegungsausführung kommen.

Die letzte Dehnmethode, die ich vorstellen möchte, ist das in den letzten Jahren so umstrittene Wippen und Federn. Zwar ist mit dieser Dehnmethode keine Steigerung in der Beweglichkeit zu erreichen, unter bestimmten Voraussetzungen ist sie aber dennoch einsetzbar. Zu diesen Voraussetzungen zählen nachfolgende Schnelligkeitsbelastungen, die nur dann gut zu trainieren sind, wenn der Muskeltonus optimal aufgebaut ist. Beim Wippen und Federn spricht man von einer aktiven Dehnungsmethode. Der Vorteil liegt darin, daß bei der Dehnung von Muskelgruppen die Antagonisten kontrahieren und damit gekräftigt werden. Auf diese Weise lernt der gedehnte Muskel, schwunghafte Bewegungen, die im Fußball sehr häufig vorkommen, durch Kontraktion abzufangen.

Der Muskeltonus wird für das nachfolgende Schnelligkeitstraining optimal aufgebaut. Auch vor einem Spiel sollten nur die stark verkürzten Muskelgruppen durch passives Stretchen oder durch die CHRS-Methode gedehnt werden, ansonsten empfiehlt sich auch hier ein nicht übertriebenes Wippen und Federn, um den Körper in einen optimalen Vorstartzustand zu bringen.

Dehnung:	**Wade (M. gastrocnemius)**
Ausgangsstellung:	Stand
Durchführung:	– auf einer Stufe das Körpergewicht auf das linke Bein verlagern – den rechten Fuß an die Kante setzen, wobei der Fußballen noch aufliegt – rechtes Bein strecken, Ferse zieht zum Boden
Fehler:	– Fußspitze und Knie zeigen nicht in eine Richtung – Ferse ist nicht unterhalb der Stufenkante
CHRS:	– Zehenspitzenstand

Die Wade am besten auf einer Erhöhung stehend dehnen.

Dehnung:	**untere Wade (M. soleus)**
Ausgangsstellung:	Stand
Durchführung:	– auf einer Stufe das Körpergewicht auf das linke Bein verlagern – rechtes Bein an die Kante setzen, wobei der Fußballen noch aufliegt – bei leicht angewinkeltem rechtem Bein zieht die Ferse zum Boden
Fehler:	– Fußspitze und Knie zeigen nicht in eine Richtung – Ferse ist nicht unterhalb der Stufenkante
CHRS:	– Zehenspitzenstand

Unteren Teil der Wade mit leicht gebeugten Beinen dehnen.

Dehnung: **Hüftbeuger (M. iliopsoas)**

Ausgangsstellung: einbeiniger Kniestand

Durchführung:
- der linke Fuß ist weit vorne aufgesetzt
- der rechte Unterschenkel liegt auf
- die Hüfte wird nach vorne geschoben

Fehler:
- der Winkel des linken Kniegelenks ist kleiner als 90°
- der Oberkörper ist verdreht

Standardübung für den oft verkürzten Hüftbeugemuskel.

Dehnung:	**Oberschenkelrückseite (ischiocrurale Muskulatur)**
Ausgangsstellung:	Stand
Durchführung:	– das rechte Bein wird gestreckt vor dem Körper aufgesetzt – die Fußspitze wird zum Körper herangezogen – das linke Standbein ist gebeugt, die Knie sind nebeneinander – die Hüfte wird gebeugt und die Hände stützen auf dem Standbein ab
CHRS:	die rechte Ferse in den Boden drücken

Mit geradem Rücken vornüberneigen.

Dehnung: **Oberschenkelvorderseite (M. quadriceps femoris)**

Ausgangsstellung: Stand

Durchführung:
- das rechte Bein wird angewinkelt und die Hände umfassen das rechte Fußgelenk
- bei aufgerichtetem Oberkörper wird die Ferse zum Gesäß gezogen
- das linke Standbein ist leicht gebeugt

Fehler:
- Hohlkreuzbildung
- das Knie dreht nach außen, die Ferse ist neben dem Gesäß
- Hände umfassen die Fußspitze

CHRS: der Unterschenkel drückt gegen den Widerstand der Hände nach unten

Bei Gleichgewichtsstörungen kann man sich gegenseitig festhalten.

Dehnung:	**Oberschenkelvorderseite (M. quadriceps femoris) intensivere Dehnung**
Ausgangsstellung:	einbeiniger Kniestand
Durchführung:	– der linke Fuß wird aufgesetzt – die Hände umfassen das Fußgelenk – die rechte Ferse wird zum Gesäß gezogen
Fehler:	– Hohlkreuzbildung – seitliches Verdrehen des Oberkörpers – der Abstand zwischen linker Ferse und rechtem Knie ist zu gering – die Hände umfassen den Fußrist
CHRS:	der rechte Unterschenkel drückt gegen die Hände nach unten

Die Hüfte darf hier nicht verdreht werden.

Dehnung: **Oberschenkelinnenseite (M. adductor longus, brevis, magnus)**

Ausgangsstellung: Stand

Durchführung:
- seitlicher Ausfallschritt, das rechte Bein ist gestreckt
- der Oberkörper ist aufrecht
- das Gewicht wird auf das linke Bein verlagert

Fehler:
- Rundrücken
- das rechte Bein ist gebeugt
- Knie und Fußspitzen zeigen nicht in eine Richtung

CHRS: das gestreckte rechte Bein wird in den Boden gedrückt

Der Fuß des gestreckten Beines wird leicht gekippt.

Dehnung: **Brustmuskulatur (M. pectoralis)**

Ausgangsstellung: Stand

Durchführung:
- die Hände werden hinter dem Körper verschränkt
- die gestreckten Arme ziehen zur Decke

Fehler:
- der Oberkörper kippt nach vorne
- das Kinn liegt auf der Brust

Diese Übung eignet sich auch als Partnerübung.

Dehnung: **Seitliche Rumpfmuskulatur (M. serratus anterior, M. obliquus externus und internus, M. transversus abdominis)**

Ausgangsstellung: Stand

Durchführung:
- die rechte Hand wird an den Hinterkopf gelegt
- die linke Hand wird an die Hosennaht gelegt
- bei leichter Beugung des Oberkörpers wird der rechte Ellenbogen zur Decke gestreckt

Fehler:
- die Hüfte knickt ab
- Kopf oder Körper werden verdreht

Die Hüfte wird stabilisiert und nicht abgekippt.

Dehnung:	**Brustmuskulatur und vordere Schultermuskulatur (M. pectoralis, M. deltoideus)**
Ausgangsstellung:	Stand
Duchführung:	– der leicht gebeugte Arm wird gegen einen Widerstand (Torpfosten) gedrückt – der Unterarm sollte vollständig aufliegen – der Oberkörper wird langsam in die Gegenrichtung gedreht
CHRS:	den Arm gegen den Widerstand drücken

Der Oberkörper wird gerade gehalten.

Die nachfolgenden Stretchingübungen sind nur bei trockenem Untergrund oder in der Halle durchführbar. Kleidung, die durch den feuchten Rasen durchnäßt ist, läßt Verdunstungskälte entstehen, die zur Unterkühlung des Körpers führt. Neben der Gefahr, sich zu erkälten, besteht auch eine Gefährdung für die Muskulatur. Die Verletzungsgefahr steigt an.

Dehnung:	**Oberschenkelrückseite und Gesäß (ischiocrurale Muskulatur und M. gluteus)**
Ausgangsstellung:	Rückenlage
Durchführung:	– ein Bein liegt gestreckt am Boden, das andere wird an den Körper herangezogen – die Hände umfassen die Oberschenkelrückseite
CHRS:	das angezogene Bein wird gegen den Widerstand der Hände nach unten gedrückt

Mit angezogenen Füßen kann die Dehnung intensiv werden.

Dehnung: **Oberschenkelaußenseite, Gesäß, Außenrotatoren (Abduktoren, M. gluteus, M. piriformis)**

Ausgangsstellung: Rückenlage

Durchführung:
- in Rückenlage wird ein Bein über das andere geschlagen
- das aufgesetzte Bein wird gegen den Druck des anderen Beines mit Hilfe der Arme zum Körper gezogen
- das überschlagene Bein zeigt nach außen

Der Kopf kann auch liegenbleiben.

Dehnung: **Oberschenkelrückseite (ischiocrurale Muskulatur)**

Ausgangsstellung: Rückenlage

Durchführung:
- das rechte Bein liegt gestreckt am Boden
- das linke Bein wird zum Körper herangezogen
- die Hände umfassen die Oberschenkelrückseite des linken Beines
- das linke Bein wird zur Decke gestreckt

Fehler:
- der Kopf ist angehoben
- die rechte Gesäßhälfte hebt ab

CHRS: das gestreckte linke Bein drückt gegen die Handflächen

Bessere Dehnergebnisse werden mit Partnerhilfe erzielt.

Dehnung:	**Rumpfmuskulatur (M. rectus abdominis, M. obliquus externus und internus, M. transversus abdominis, M. erector spinae)**
Ausgangsstellung:	Rückenlage
Durchführung:	– die Beine sind angewinkelt, die Füße aufgesetzt – die Arme liegen in Schulterhöhe seitlich neben dem Körper – die Beine fallen locker zur rechten Seite ab
Fehler:	– die linke Schulter hebt vom Boden ab

Die Schulterblätter bleiben auf dem Boden liegen.

Dehnung:	**Oberschenkelvorderseite (M. quadriceps femoris)**
Ausgangsstellung:	Seitlage
Durchführung:	– das untere Bein angewinkelt – das obere Bein wird nach hinten angewinkelt, die Hand umfaßt das Fußgelenk – das obere Bein liegt in der Verlängerung der Wirbelsäule
Fehler:	– Hohlkreuzbildung – die Knie sind nicht in der Horizontalen
CHRS:	Unterschenkel drückt gegen den Widerstand der Hände

Der Körper ist auch in der Seitenlage gestreckt.

Dehnung:	**Ganzkörperdehnung (M. pectoralis, M. rectus abdominis, M. erector spinae, M. gluteus)**
Ausgangsstellung:	Rückenlage
Durchführung:	– das linke Bein ist angewinkelt, die rechte Hand faßt auf das linke Knie – der linke Arm liegt über Schulterhöhe ausgestreckt am Boden – die rechte Hand zieht das linke Knie in Richtung Boden
Fehler:	– Hohlkreuzbildung – die linke Schulter hebt vom Boden ab

Bei größeren Rückenproblemen ist hier Vorsicht geboten.

Dehnung:	**Gesäß- und Rumpfmuskulatur (M. gluteus, M. erector spinae)**
Ausgangsstellung:	Rückenlage
Durchführung:	– die Beine sind angewinkelt und die Füße aufgesetzt – die Arme liegen in Schulterhöhe am Boden – das linke Bein überschlägt das rechte – die Beine fallen zur linken Seite zum Boden
Fehler:	– Hohlkreuzbildung – die rechte Schulter hebt vom Boden ab – die Beine sind nicht mehr überschlagen

Bodenübungen nur bei trockenem Untergrund durchführen.